RUTILIUS NAMATIANUS

RETOUR EN GAULE

RUTILIUS NAMATIANUS

*

RETOUR EN GAULE

Texte introduit et traduit
par
J. Vessereau et F. Préchac

Les Belles Lettres
2017

ISBN : 978-2-251-44683-7

INTRODUCTION

Le poème de Rutilius Namatianus et l'existence même de l'auteur restèrent totalement inconnus jusqu'aux dernières années du XVᵉ siècle. J'ai étudié ailleurs toutes les questions qui se posent à propos de la découverte du *Bobiensis* qui nous a fait connaître l'un et l'autre et cherché presque exclusivement dans le poème, faute d'autres sources sûres, tout ce qu'il est possible de savoir sur la personne de Rutilius, sur son entourage et sur les circonstances de son voyage[1]. Je me bornerai ici à reprendre mes conclusions précédentes en les complétant et les rectifiant au besoin par les recherches des deux derniers éditeurs, Keene[2] et Heidrich[3] [et quelques études récemment parues[4]].

---

1. J. Vessereau, édition critique, accompagnée d'une traduction française et d'un index, et suivie d'une étude historique et littéraire sur l'œuvre et l'auteur, Paris, 1904.

2. C.H. Keene, *Rutilii Claudii Namatiani De reditu suo libri duo* (avec introduction et notes critiques et explicatives ; — et traduction en vers anglais par G.F. Savage-Armstrong), Londres, 1907.

3. G. Heidrich, édition critique, Vienne, 1912.

4. [P. de Labriolle, *Rutilius Claudius Namatianus et les moines*, in *Revue des Études latines*, 6ᵉ année, fasc. I, janvier-mars 1928, Paris, Belles-Lettres. — J. Carcopino, *À propos du poème de Rutilius Namatianus*, ibid., id., fasc. II, avril-juillet 1928, p. 180 ss. — M. Vessereau n'ayant

Rutilius et ses amis

Rutilius était Gaulois sans aucun doute ; originaire de l'une des régions de la Gaule les plus durement ravagées par les Barbares [entre 412 et 416], peut-être de Poitiers[5], mais plus vraisemblablement de Toulouse[6] ou de Narbonne[7]. Bien qu'il fût païen, il avait eu à Rome, sous l'empereur Honorius, une brillante carrière d'honneurs. Il fut sûrement maître des offices à une époque inconnue et préfet de Rome en 414[8]. Son père Lachanius, à qui il consacre une vingtaine de vers à l'occasion d'une statue que lui avaient élevée les habitants de Pise, avait été consulaire de Tuscie et Ombrie, intendant des largesses impériales, questeur et préfet, sans doute préfet de Rome[9].

---

pu connaître ces travaux, nous avons cru nous conformer aux intentions de l'ami regretté, du savant et judicieux éditeur en y prenant de quoi mettre au point et à jour son travail. Toutes nos additions à cette Introduction sont entre crochets. F.P.]

5. Cf. Bénédictins de Saint-Maur, *Historia litteraria Galliarum*, vol. II, p. 70.

6. Cf. Le Nain de Tillemont, *Histoire des empereurs*, t. V, éd. de Venise, 1732, p. 658 ; Keene, *op. cit.*, p. 18 s.

7. [Cf. *Rutiliana* par Vessereau et Dimoff in *Revue de Philologie*, XXX (1906), p. 61-65 (Recours ingénieux aux documents épigraphiques. Cf. Plessis, *Poésie latine*, p. 692)].

8. [Nécessairement « entre Eutychien, marqué dans la loi du 10 (lisons du 12) janvier et (Caecina Decius) Albin, à qui la loi du 17 septembre est adressée », dit Tillemont, *op. cit.*, note 39 sur Honorius, (p. 819), d'après le Code Theodosien, VII, 8, 11 et XIII, 5, 38. Cf. Vessereau, *op. cit.*, p. 179 ; Carcopino, *op. cit.*, p. 183, n. 8].

9. I, v. 573-v. 592.

Le poète nous parle incidemment d'un certain nombre de personnages distingués de l'époque, ses parents ou ses amis, qui tous parvinrent à de hautes dignités ou se firent un nom dans le droit ou dans les lettres ; et il fait, à ce propos, mainte allusion aux plus graves événements historiques du temps[10].

Citons en premier lieu deux Gaulois ses parents (I, 212 *stirpe propinquus*), — sans connaître, d'ailleurs, exactement le degré de cette parenté : Exuperantius et son fils Palladius. Les *Exuperantii* et les *Palladii* sont très nombreux au IVᵉ et au Vᵉ siècle et il est difficile d'identifier ceux qui sont nommés ici.

Exuperantius (I, v. 213 — v. 216) paraît avoir été de Poitiers. Il fut peut-être décuriale de Rome en 404 ; et périt assassiné à Arles en 424, lorsqu'il était préfet du prétoire dans les Gaules. C'est dans l'exercice de cette charge qu'il eut à réprimer en Armorique une série de soulèvements contre l'administration romaine, auxquels Rutilius fait allusion. Il n'est pas invraisemblable qu'il soit l'auteur de l'opuscule *de Marii, Lepidi, Sertorii bellis ciuilibus*, publié en 1588 par F. Sylbug et souvent depuis lors, à la suite des œuvres de Salluste. Les réflexions où se complaît Rutilius (I, 295 ss.) sur l'histoire des cinq *Lepidi* pourraient en être des réminiscences.

---

10. [L'intérêt historique du poème a été dès longtemps signalé ; par Onofrio Panvinio, par exemple, qui l'insère tout entier dans ses « commentaires sur la République romaine », p. 255-286 (Venise, 1558) ; par Tillemont, *op. cit.*, p. 661 et en marge et dans les notes (règne d'Honorius), *passim*, etc.].

Palladius, *facundus iuuenis* (I, 209), devait avoir
entre 20 et 25 ans en [417] lorsqu'il étudiait le droit
à Rome, comme le faisaient encore les Gaulois pri-
vilégiés de la naissance et de la fortune, malgré la
célébrité des écoles que possédait la Gaule. Nous
ne savons rien de plus. Il y a cependant de fortes
présomptions pour que le fils d'Exuperantius ait
été préfet du prétoire de Majorien en 458 et qu'il
soit l'auteur de l'*opus agriculturae*, donc Palladius
Rutilius Taurus Aemilianus[11].

Parmi les amis de Rutilius deux sont Gaulois,
Protadius et Victorinus.

Le premier ne nous est pas inconnu. Né à
Trèves et, comme ses deux frères Florentinus et
Minervius, ami de Symmaque, de qui nous avons
19 lettres à lui adressées, il fut, d'après Rutilius,
l'une des plus nobles figures de l'époque, l'idéal
de l'homme vertueux et du magistrat intègre.
Il passa de longues années en Italie. Son père avait
enseigné la rhétorique à Constantinople, à Rome
et à Bordeaux, sa ville natale : c'était, dit Ausone,
« un autre Quintilien ». Protadius fut lui aussi
un rhéteur distingué et un puissant soutien pour
le parti païen. Il fut préfet de Rome (I, 550), sans
doute avant l'année 395, où son frère Florentinus

---

11. [En ce cas Pasiphilus, *uir doctissimus*, dédicataire du l. XIV de
Palladius ne serait pas le *praef. V.* de 355, mais plutôt un Pasiphilus
cité *a.* 395 in *Cod. Th.*, II, 1, 8 ou un *philosophus* cité *a.* 371 *ap.* Amm.
Marc. XXIX, 1, 36 : mais l'auteur de l'*opus agr.* méritera-t-il l'épithète
de *facundus* ?]

exerça cet office. Entre autres travaux littéraires, il songeait à écrire une histoire des Gaules. Nous le trouvons en 417 en Ombrie, où, chassé de Trèves par les Francs (413), il s'est retiré dans un modeste domaine qu'il y possédait. Car il excelle à « supporter la mauvaise fortune à l'égal de la bonne ». Protadius avait deux fils qu'il envoya à Rome faire leurs études. Il représente donc pour nous une de ces vieilles familles gauloises, où se perpétuait, de père en fils, le culte des lettres et où Rome recrutait ses meilleurs magistrats.

Tel est aussi Victorinus. En sa compagnie, Rutilius a le sentiment qu'il jouit un peu par avance de sa terre natale (I, 510) ; et il parle de lui avec joie et avec émotion. Le personnage, qui ne nous est connu par aucune autre source, était probablement de Toulouse, dont la prise par Ataulf, roi des Wisigoths, lui fit porter ses pénates en Italie en 413-414. Exilé volontaire, il se réfugia en Étrurie. Il avait été vicaire de Bretagne — pour le préfet du prétoire de Gaule, dont l'autorité s'étendait jusqu'à *Vltima Thule* — sans doute avant 408 : c'était, à cette époque de troubles, un poste peu enviable ; mais Rutilius le loue d'y avoir mérité, par son administration juste et bienveillante, la reconnaissance des Bretons. Depuis son départ forcé de Toulouse, Honorius l'appela à la cour en lui offrant le titre de comte (*illustris comes*) ; mais Victorinus préféra à ces honneurs un coin rustique en Toscane.

À travers sa biographie sommaire comme à travers celle de Protadius, la Gaule nous apparaît comme une pépinière de fonctionnaires d'élite.

Parmi les autres amis, signalons Rufius et Albinus ; et de simples connaissances : Messala, Lucillus et Decius.

Rufius est de ceux qui accompagnent Rutilius à son départ ; mais il le suit plus loin que les autres (I, 165 ss.) [Ce Rufius Antonius Agrypius Volusianus] n'est pas un Gaulois, comme les personnages précédents. Il est fils d'Albinus, [exactement de Caeionius Rufius Albinus, préfet de la ville en 389-391[12]] et appartient à une famille dont les membres depuis cent ans ont géré les plus hautes magistratures [« Tout jeune, il a été proconsul d'Afrique, en résidence à Carthage. Puis il a été appelé à la questure du Palais, dont les titulaires traduisent en discours la volonté du Prince[13] »]. Rutilius fait escale à Piombino (*Populonia*) lorsqu'il apprend que Rufius a été nommé préfet de Rome[14] » [fin de l'année 417]. Fait mémorable aux yeux de Rutilius qui voyait déjà en son ami la « gloire vivante d'un père » (I, 167) et un futur consul (175) et à qui il semble tout de suite, puisqu'il a exercé la même préfecture avant Rufius, qu'il la partage avec lui ou plutôt qu'il vient de l'assumer à nouveau (462 s.). [Fait important au regard de la critique, car il permet, nous le verrons, de dater le voyage de Rutilius].

---

12. [Cf. Carcopino, *op. cit.*, p. 185 (d'après P.W., *R. Enc.*, III, col. 1864, n° 33). — Le gentilice Caeionius semble d'origine étrusque].

13. [Carcopino, *op. cit.*, p. 185, d'après I, 170 ss.]

14. [Tillemont, *op. cit.*, pp. 636, 820 (note 43)].

Le père de Rufius est seulement nommé. Nous savons qu'il fut préfet de la ville et nous soupçonnons que Symmaque trouva en lui un allié dans la défense du paganisme ; sa mère était prêtresse d'Isis. [Et précisément nous apprenons de Rutilius (I, 373 ss.) que le culte d'Isis et d'Osiris était encore fort en honneur en 417 dans les bourgades italiennes.]

Rufius ne doit pas être confondu avec un autre Albinus, un autre ami, que le poète rencontre à Vada et qui lui ouvre sa maison. Rutilius lui garde un souvenir attendri parce que pouvant être préfet de Rome avant lui, et à la fleur de l'âge, Albinus lui a cédé sa place avec désintéressement, attendant pour l'occuper en septembre 414 qu'il l'eût quittée. Ce fonctionnaire, [le même, peut-être, à qui étaient réservés pour l'avenir la préfecture de Rome une seconde fois, la préfecture du prétoire en Italie deux fois, le consulat et la dignité de patrice[15]], appartenait lui aussi, selon toute apparence, à une famille de hauts fonctionnaires et à un milieu foncièrement païen.

Messala, Décius, Lucillus ne sont pas proprement des amis de Rutilius. Mais ils lui fournissent matière à des indications intéressantes d'ordre littéraire ou moral.

Il parle de Messala à l'occasion d'une visite aux *Thermae Tauri*, où il a sous les yeux des vers de lui célébrant la localité (I, 267 ss.). Ce poète d'occasion

---

15. [Cf. Keene, *op. cit.*, p. 32 : il émet, d'ailleurs, quelques doutes sur l'attribution à notre Rufius de ces charges à venir. V. Vessereau, *op. cit.*, p. 242, n. 3.]

fut préfet du prétoire d'Italie entre la fin du IVe et le commencement du Ve siècle et ami de Symmaque, de qui douze lettres (*Ep.* VII, 81-92) lui sont adressées. Rutilius loue en lui le penseur, l'orateur et l'écrivain (*mens*, *facunda*, *lingua*), qu'il met au-dessus du magistrat. Symmaque, lui, pense souvent au fonctionnaire, ne serait-ce que pour lui recommander ses protégés. Il loue aussi son éloquence, sa sagesse et ses succès littéraires. Messala, magistrat intègre et orateur honnête, appartient à la *gens Valeria*, qui fut une des plus illustres de Rome et joua un rôle depuis l'époque des rois jusqu'à l'invasion. Rutilius évoque cette origine lorsqu'il nous présente le descendant « du premier consul », c'est-à-dire de Valerius Publicola, collègue de Brutus après que Tarquin Collatin eut cessé de l'être.

À Lucillus sont consacrés douze vers ; son fils Décius n'est nommé qu'en passant. Ils ont beau être de simples connaissances pour Rutilius : ils n'en sont pas loués avec moins de force. Des vers qui les concernent il résulte que Décius était consulaire de Tuscie et d'Ombrie [en 417], un « rector bonus », digne de cette province [« qui ne s'était pas encore remise de ce qu'elle avait souffert par les ravages et les feux des Goths »[16], mais qui savait reconnaître les services des gens de bien (I, 597) et] qui voyait en lui un digne successeur de Lachanius. Quant à Lucillus il avait été intendant des largesses et unissait à la vigilance du magistrat la malignité du satirique, et celle-ci l'égalait

---

16. [Tillemont, *op. cit.*, p. 636, d'après Rutil. I, 40 s.].

aux Turnus et aux Juvénal (I, 604). Il avait eu à jouer un rôle pénible et nécessaire pour protéger les deniers de l'État contre les pillards. Rutilius nous met en face d'une plaie douloureuse de l'administration impériale : d'exactions éhontées, d'un pillage où les magistrats eux-mêmes (*comites, procuratores, rationales, praepositi*) volaient les fonds qu'ils avaient mission de sauvegarder. Lucillus coupa court à ces abus et chassa ces « Harpyes aux pattes engluées », [comme les appelle Rutilius, devenant satirique à son tour ou citant l'émule de Juvénal. Ces détails, notés au déclin de l'Empire, sont suggestifs et font penser à une autre tirade de ce poème (I, 358 ss.) sur l'or, meurtrier des États].

Le voyage

La raison du départ de Rutilius nous est expressément donnée aux vers 19 ss. Il est rappelé dans les champs de sa patrie par les ravages que les Barbares y ont multipliés. Enfant de la Gaule, il doit voler à son secours ou lui apporter des consolations.

La date est indiquée par les vers 134-145 : nous sommes en l'an 1169 de Rome, donc, selon la chronologie communément admise, en l'année 416. [Mais les doutes, très appuyés, de Tillemont, ont conduit la critique contemporaine à une conclusion différente et certaine[17]. « Les anciens n'ont pas toujours compté

---

17. [Carcopino, *op. cit.*].

de la même manière les années de Rome et il y avait une autre supputation »[18], postérieure d'un an à la première ; les calculs en étaient fondés, non sur l'ère varronienne débutant en 754, mais sur l'ère officielle des Fastes gravée par ordre d'Auguste sur les murs de la Regia[19]. La date est donc *a priori* 416 ou 417. Et entre les deux le choix nous est imposé par un fait survenu en cours de route. Rutilius était parti en automne ou en hiver : « étant arrivé à Piombino (*Populonia*), il apprit que Rufius... Volusianus... avait été fait préfet de Rome (I, 415 ss.). Et nous avons une loi à Probien préfet de Rome, le 14 de décembre 416 (*Cod. Theod.* 14, 2, 4) »[20] Donc la nomination de Rufius en 416 semble impossible[21]. « Divers actes[22] nous apprennent que Symmaque était préfet de Rome à la fin de 418 et au commencement de 419. Ainsi il aura apparemment été le successeur de Volusien[23]. » Donc après Probien et avant Symmaque, installé en 418, la préfecture de la Ville est vacante[24]. C'est dans

---

18. [Tillemont, *op. cit.*, p. 820, note 43.]

19. Carcopino (Cf. Kubitschek *s. u. Aera* in *Reale Encyclop.*, I, col. 622).

20. [Tillemont, *ibid.* et p. 636.]

21. [Il ne peut d'ailleurs s'agir d'une désignation anticipée (*praefectus designatus*) ; car cette procédure n'existait pas pour la préfecture de la ville (Carcopino, p. 185)].

22. [Lus par Tillemont dans Baronius ; donnés ensuite par Corsini, *De praefectura Vrbis*, Pise, 1766, p. 336-338 ; rappelés ici avec force par M. Carcopino].

23. [Tillemont, *ibid.*]

24. [Carcopino, *ibid.*, de qui l'intervention, même après Tillemont, était nécessaire et pour rétablir en pareille matière l'autorité et les

l'intervalle, donc en 417, que Rufius Volusianus aura été nommé ; et le voyage de Rutilius entrepris. D'ailleurs, le poète se reproche de venir au secours de sa patrie *post saeua incendia*. « En 416 brûlaient en Gaule maints foyers de révolte et de guerre : ses regrets eussent été prématurés. » À la fin de 417 « ils s'expliquent, car la restauration de la Gaule date de 417 »[25].

Le mois et le jour du départ peuvent être fixés suivant la même méthode positive de calcul. Rutilius se rendit « à Porto, où il attendit quinze jours la nouvelle lune... La lune renouvelle en 419... dans les premiers jours d'octobre[26] ». Exactement le 27-28 septembre et le 26-27 octobre[27]. Rutilius avait quitté Rome, non pas à l'équinoxe d'automne (le 24 septembre dans le calendrier des anciens), comme on l'admettait depuis Scaliger, mais quand les nuits étaient devenues nettement plus longues que les jours[28], donc quelques semaines après le 24 septembre. Ajoutons les quinze jours d'attente à Porto, ce qui reporte l'embarquement de Rutilius à

---

méthodes de cet historien, un peu négligées des littérateurs (V. Schanz, *Hist. de la litt. rom.*, IV, 2 [éd. 1920], p. 38, § 1022), et pour couper court aux hésitations des émules de Tillemont eux-mêmes (Cf., Tillemont, *op. cit.*, p. 659) dans l'usage de cette méthode. — Quelques émules avaient vu juste ici (*Rutiliana*, p. 70) ; Cf. Ducati, *Etruria antica*, I, p. 15 ; II, p. 51 « poema — posteriore al 416 ».]

25. [Carcopino, p. 186].

26. [Tillemont, p. 659].

27. [Carcopino, p. 193].

28. [I, v. 183 s., cités et commentés par Carcopino, p. 188. Cf. *Rutiliana*, p. 69.]

la nouvelle lune du 26-27 octobre au plus tôt. « Il lui semblait entendre de là (de Porto) les cris que le peuple faisait à Rome dans les jeux du cirque. Peut-être que de plus habiles trouveront par ces caractères le temps précis de son départ[29]. » Précisément à partir du 10 octobre, remarque Carcopino, les *ludi circenses* inscrits aux calendriers abondent ; Polemius Silvius en note sans interruption du 27 au 29 octobre.

La suite du voyage fournit des indications chronologiques plus précises encore. « Il ne voulut pas prendre la pleine mer dans un grand vaisseau, dit Tillemont (p. 659), mais suivre les côtes avec de petites barques qui pouvaient aborder partout où il voudrait, soit pour voir ses amis, soit pour éviter le mauvais temps. On voit qu'il couchait toujours à terre. » Depuis le matin où il quitte Porto jusqu'au sixième arrêt à Vada, on compte, en fait, une escale par jour. Au cours de la cinquième, à Faleria, il assiste aux fêtes des paysans en l'honneur d'« Osiris ressuscité » qui a fait lever la féconde semence pour des moissons nouvelles » (I, 373 ss.). En ce temps-là (comme aujourd'hui), les semailles se faisaient en novembre, au témoignage de Palladius lui-même[30]. Or Rutilius marque leur coïncidence avec la fête d'Osiris. Celle-ci, au temps de Plutarque comme au IVe siècle, durait quatre jours ; après trois jours de deuil en souvenir de la perte du dieu (du 31 octobre au 2 novembre),

---

29. [Tillemont, p. 659].

30. [XIIe livre *init.* V. *ap.* Carcopino les témoignages antiques, p. 189 ss.].

les réjouissances commençaient en l'honneur de
l'*heuresis* : elles se plaçaient le 3 novembre[31]. C'est
donc le 3 novembre que Rutilius a débarqué à Faleria.
C'est donc le 31 octobre, qu'il a quitté Porto, où
venant de Rome il était arrivé le 16 octobre 417[32]].

Le récit du voyage est facile à résumer. Départ
de Porto [à l'aube, le 31 octobre]. La première
traversée amène Rutilius, le long du rivage toscan
— jalonné par *Alsium* (Palo) et *Pyrgi* (Santa Severa),
« simples maisons de campagne aujourd'hui, jadis
petites villes », Céré, (l'ancienne *Agylla*) et *Castrum
Inui*[33], — jusqu'à *Centumcellae* (Cività Vecchia).
Là il relâche [le 31 octobre après-midi]. Il se dirige
vers l'intérieur des terres, visite les *Thermae Tauri*
(Bagni di Ferrata), dont il rappelle en manière de
digression l'origine, les propriétés et l'aspect. Le
deuxième jour [1er novembre], il va de *Centumcellae*
au *Portus Herculis* (Port' Ercole) : il évite les bas-
fonds du *Munio* (Mignone) en s'éloignant du rivage,
aperçoit de loin les rares maisons de *Grauiscae* (Porto
San Clementino), les bois qui l'entourent, les ruines
de Cosa où les traces d'un vieux camp lui rappellent

---

31. [Carcopino, p. 191 s.]

32. [Partant des dates présumées de la nouvelle lune et de l'*heuresis*,
Vessereau et Dimoff étaient arrivés en 1906 à une approximation
intéressante, in *Rutiliana*, p. 70 : « Rutilius a dû quitter Rome le
13 octobre ; il a séjourné à Porto du 14 au 28 et s'est embarqué le 29 ;
ces dates ne peuvent convenir qu'à l'an 417 après J.-C. »]

33. [Au premier jour de son voyage, Rutilius s'embrouille un peu
dans les noms des localités, place Céré plus haut que Pyrgi et apercevant
les ruines du *Castrum Novum*, le confond avec *Castrum Inui* qui est
sur la côte du Latium].

l'histoire des cinq Lepidi, tous funestes à l'Empire. Il arrive au « port désigné d'après Hercule », à la tombée de la nuit (I, 293). Le troisième jour [2 novembre] escale de l'*Vmbro* ; après avoir fait, en barque, le tour du mont Argentaro, qu'il décrit en une esquisse assez pittoresque, être passé entre ce double promontoire et l'île d'*Igilium* (Giglio), où tant de Romains ont trouvé asile pendant le pillage de Rome, s'être rapproché de l'Ombrone que les matelots ne lui permettent pas d'aller voir de près, il aborde le soir sur un rivage désert où il campe, sans doute entre l'Alma et la Pecora, auprès de la voie Aurélienne. Quatrième jour [3 novembre], escale à Falérie, où il arrive au milieu du jour, après avoir longé l'île d'Elbe « plus utile par ses mines de fer que le Tage par ses sables d'or » : il assiste aux fêtes d'Osiris, loge dans une villa-hôtellerie et semble avoir terminé son séjour à Faleria par une altercation avec l'hôtelier (un juif), car le poème en porte la trace : une invective enflammée. Départ à l'aube, le cinquième jour [4 novembre] : escale à *Populonia* (près de Piombino), dont il décrit la forteresse, — secourable sur terre comme abri, en mer comme signal, — et les murailles en ruine. Là il apprend la nomination de Rufius à la préfecture de la Ville. Le sixième jour [5 novembre], le mauvais temps l'oblige à relâcher à *Vada Volaterrana* (Torre di Vado), non sans avoir admiré de son bateau les monts nuageux de la Corse qui s'estompent dans le lointain, maudit les solitaires de Capraria et tous les moines et traversé des bas-fonds dangereux, grâce à un chenal artificiel, qui attire la curiosité du voyageur.

XX

À partir d'ici les étapes ne semblent plus correspondre aux jours. [L'arrêt à Vada[34] semble avoir duré trente-six heures. Un violent Corus soufflait, en effet, le 6 novembre au matin.] Rutilius, au lieu de prendre la mer, contemple les salines, puis passe la nuit chez Caecina Décius Albinus qui lui avait succédé trois ans auparavant à la préfecture de Rome. Là il a le bonheur de rencontrer le tolosate Victorinus dont l'étreinte est pour lui un avant-goût de la patrie. [Aux premiers feux du jour, le 7 novembre, il remonte à bord (I, 511 ss.)].

Il passe en vue de l'île de *Gorgon* (Urgo), où s'est enseveli vivant, dans la vie solitaire, un de ses amis, sans doute un moine. [Dans l'après-midi] il aborde dans la villa de *Triturrita*, il admire Triturrita, et Pise surtout, qu'il est allé voir, bien que l'Eurus lui promît une navigation favorable (I, 541), parce que la ville possède une statue de son père Lachanius. [Le soir il couche probablement à Pise et non à Triturrita]. Il cause le lendemain avec le Trévire Protadius [dont le domaine est en Ombrie (551) et non en Tuscie et qui partant a dû venir jusqu'à Pise pour le rencontrer[35]]. Il est vraisemblable que Rutilius est retourné à Triturrita le soir même, donc le 8 novembre, pour s'embarquer ; [mais dans l'intervalle le vent a tourné : une bourrasque de *libeccio* (*Africus*) le force à différer son départ. De telles tempêtes durent deux jours pleins,

---

34. [Vessereau, *op. cit.*, p. 267 ; Carcopino, p. 195 s.].

35. [Carcopino, p. 196. Cf. Tillemont, p. 661 : « Pise est bien loin de l'Ombrie ».]

au plus ; celle-ci a dû tomber au plus tard dans la soi-
rée du 10 novembre ; en attendant, Rutilius a chassé
au sanglier (I, 615-630)], contemplé sur la plage et
commenté la force de l'ouragan et les effets de la houle
du large (I, 631-643). [Il a repris la mer au matin du
11 novembre, au plus tard : et cette dernière traversée
l'a conduit au port de Luna (II, 63, 64)[36]. Chemin
faisant, il nous a donné un précieux indice chronolo-
gique en signalant à Triturrita, pendant la tempête, le
coucher des Hyades au matin[37] : sur le ciel de Rome,
elles s'évanouissent précisément le 10 novembre[38]].

Nous rappelons pour mémoire que la dernière
étape a été féconde en beaux spectacles et en réflexions
philosophiques. En quittant le port de Pise, Rutilius
aperçoit, par temps clair, les pentes de l'Apennin, qui
lui inspirent une assez belle digression sur le rôle de
cette chaîne, rempart de l'Italie, sur la configuration
providentielle de la péninsule, sur le « traître »

---

36. [*Id.*, *ibid.*]

37. I, 633, *Iam matutinis Hyades occasibus udae.*

38. [Carcopino, p. 198 (d'après Boll, *s. u. Fixsterne* in *Reale Encyclop.*,
VI, col. 2429 s.). L'étude que nous utilisons ici écarte comme indices
utilisables dans le même passage la mention du Chien, celle d'Orion et
celle du Lièvre : le coucher de ces astres en effet a lieu postérieurement,
celui du Lièvre par exemple le 21 novembre, et il est manifeste par le
vers 633 (*I am — Hyades*) que leur mention ici n'est qu'ostentation de
science astronomique et météorologique, peut-être en présence d'une
carte du ciel déployée. Faute d'avoir fait la critique, indispensable ici, des
notions célestes de Rutilius, le grand Tillemont, en suivant d'ailleurs la
même méthode positive d'investigation, s'est trompé de quelques jours :
« P. 661... il fut arrêté aux Trois tours et au port de Pise par les tempêtes
qui sont ordinaires lorsque les Hyades se cachent le matin et que l'étoile
du Lièvre paraît. Je ne sais si cela ne marque point *la fin de novembre* »].

Stilicon, qui a introduit les Barbares dans le Latium. Puis il consacre six vers à l'éblouissant tableau que lui présente Luna avec ses montagnes de marbre.

Luna est la dernière escale. [Le 11 novembre marque l'arrêt obligatoire de la circulation maritime, qui reprend au 10 mars[39]]. Au delà de Luna, le pays a été moins ravagé par les Barbares et les routes sont moins impraticables. Il est donc probable qu'à partir de là Rutilius a pris la voie de terre.

Le récit du voyage

[Sur la valeur littéraire de son récit, nous renvoyons à l'édition antérieure, abondamment commentée, de Vessereau[40] : Deux questions, du moins, se posent d'une manière urgente aujourd'hui, qui sont solidaires l'une de l'autre ; ce récit fut-il fait à bord ? fut-il achevé ?

Le poème que nous a laissé Rutilius ressemble à un journal composé et versifié en cours de route. D'aucuns ont pensé qu'il fut, en effet, cela[41]. Et le talent remarquable du versificateur semblait se prêter

---

39. [Végèce, IV, 39 *ex die tertio idus nouembres usque in diem sextum idus martias maria clauduntur* (*ap.* Carcopino, p. 199). Cf. déjà *Rutiliana*, p. 68 (11 nov.-5[?] mars)].

40. [V. aussi Plessis, *La poésie latine*, Paris, 1909, p. 701 ; E. Norden, *Die lateinische Literatur im Uebergang vom Altertum zum Mittelalter* (in *Kultur der Gegenwart*, I, VIII, 3ᵉ éd., Leipzig, 1912) p. 491 s.]

41. [Ce fut l'opinion de Vessereau, lors de sa première édition (cf. p. 254).]

à cette hypothèse. Elle est à peu près abandonnée en
France aujourd'hui. Même s'il y a eu carnet de route,
— avec stations et dates, idées de développements
poétiques, sujets de tableaux, souvenirs, impressions
marqués au jour le jour — « il faut avouer que l'œuvre
ne sent nullement l'improvisation[42] ». Elle présente
même quelques erreurs topographiques ou météo-
rologiques[43] qui s'expliqueraient mieux à distance
des parages visités. Elle vaut par un long morceau
sur Rome, profondément aimée et quittée à regret,
avec déchirement même, à une heure tragique de
son histoire[44], par des digressions, des invectives,
voire des morceaux de satire (De Labriolle, p. 34 et
n. 1) ; bien plutôt que par la description des lieux,
que Rutilius, en général, ne sait ni voir ni faire voir
(*id.*, p. 31) sans laisser pour cela d'être un touriste
curieux et lettré. Et la composition parfaite de certains
morceaux, comme l'invective contre Stilicon, la
« pureté extraordinaire de sa langue »[45], la classique
perfection de ses distiques[46], cette « élégance »

---

42. [De Labriolle, *op. cit.*, p. 31. Cf. Pichon, *Les derniers écrivains
profanes*, p. 245.]

43. [V. supra p. xix, n. 33 et p. xxi, n. 35].

44. [Ce morceau est vibrant d'émotion, on n'en peut douter,
quand même il serait possible d'indiquer des éloges analogues dans
la littérature chrétienne (De Labriolle, p. 236), ou même, ce qui n'est
pas absolument prouvé, la source païenne, comme tels développements
d'Aelius Aristide cités par Carlo Pascal (*Graecia capta*, 1905, p. 163 ss.).
Cf. Plessis, cité *infra*, p. 6 et s.].

45. [Tillemont, p. 661. Cf. Vessereau, p. 382 s.]

46. Cf. Pietro Rasi, *In Claudii Rutilii Namatiani libros adnotationes
metricae*, Turin, Loescher, 1897. Cf. Vessereau, p. 402 s. — [L'adjectif

supérieure à celle des écrivains d'alors[47], ces jolies ou précieuses allitérations[48], certain cliquetis à la manière des écrivains et poètes stoïciens, sans compter l'habile utilisation de centons empruntés aux poètes classiques et le recours, çà et là, à des périphrases recherchées[49], nous font penser davantage à un travail de cabinet. « Dans la paix finalement retrouvée par la voie de terre de ses propriétés gauloises, Rutilius a versifié le récit de sa traversée »[50] ; et il n'est pas douteux qu'il a voulu lui donner l'allure d'une brillante improvisation, de notes prises à bord à la vue des villes mortes (409-414), des lointains montagneux ou des algues proches, sous le ciel nuageux ou limpide, au son des refrains qui rythmaient l'effort de la chiourme (cf. I, 370).

L'a-t-il jamais achevé ? On l'a nié parfois[51], et récemment encore par un argument très spécieux emprunté à l'arrêt obligatoire et définitif à Luna de la navigation[52]. Mais de l'impossibilité où l'auteur semble avoir été de dépasser Luna dans son cabotage, il ne suit pas qu'il ait, au cours de son voyage par terre,

---

Paeonia (v. 75) par *o* bref (de παιωνίος) est une exception : Rutilius, remarque Keene, a pu confondre ce mot avec le nom de pays Paeŏnia (Παιονία)].

47. [Tillemont, *ibid.* Cf. Vessereau, p. 362].

48. *Ager-agger*, I, 39 ; *amara moram*, I, 492 ; <*adflictum* (?)> *et fluctu*, I, 227, cf. Vessereau, p. 379, etc....

49. [II, 64, *Nominis* (*Lunae*) *est auctor sole corusca soror*].

50. [Carcopino, p. 199 s.].

51. [Vessereau, p. 254].

52. [Carcopino, p. 199 s.].

négligé de poursuivre son carnet et qu'à son arrivée en Gaule, ses souvenirs de route à partir de Luna lui aient semblé trop insignifiants pour passer à la postérité : ne croit-il pas devoir nous entretenir au premier livre (v. 289 s.) de citadins exilés par une invasion de rats ? Aussi bien la symétrie de deux morceaux à effet au début des deux livres (Rome, Stilicon) semble prouver que les *libri* s'équilibraient[53]. Le premier livre est assez court sans doute ; ce n'en est pas moins une « bande roulée plusieurs fois sur elle-même (II, 1 ss.) » ; le deuxième est très court (on y lit 68 vers en tout) : s'il n'était pas un *iustum uolumen*, comment put-il de copie en copie s'appeler *liber* ? Enfin la « confusion craintive » (II, 9) qu'exprime l'auteur en répartissant sa matière en « deux opuscules » prouve qu'il redoutait, comme il le dit lui-même (II, 3 ss.), d'ennuyer son lecteur par un trop long récit, mais non pas qu'il eût commencé son deuxième rouleau « en sachant d'avance qu'il ne pourrait le conduire aussi loin que le premier », comme on l'a naguère très ingénieusement supposé. La mention, tout au contraire, des *bina opuscula* prouverait l'existence de deux *justa uolumina*, sensiblement égaux. Et le vers 62 du livre II marque précisément que Rutilius « reprenait comme un nouvel élan, au moment où le texte se dérobe[54] ».

Faut-il en conclure que le récit se poursuivit en effet, mais que toute la fin a péri dans le haut ou le bas moyen

---

53. [Pichon, *op. cit.*, p. 245].
54. [De Labriolle, p. 31].

âge ? Nous inclinons à le croire, mais on ne saurait l'affirmer. D'abord des circonstances accidentelles ont pu arrêter le poète. De plus, s'il est possible à la rigueur que l'auteur ait voulu nous donner l'illusion d'un journal de bord en vers, il a bien pu commencer un second rouleau afin que nous eussions l'impression de l'improvisé et de l'inachevé ; et dès lors l'œuvre, dans l'état où nous l'avons serait complète, comme la traversée elle-même. Mais le « journal » maritime est-il vraiment achevé au v. II, 68 ? Le vieux *portus Lunae*, étrusque puis ligure, dont le site enthousiasmait Ennius (Pers., *Sat.*, VI, 9) est-il décrit ? Et la main mise sur ce port par Fabius Maximus en 238 entre la première et la deuxième guerre punique et la *deductio* d'une *colonia* à Luna en 177, sans compter les terres cuites étrusques de Luna et les monuments faits avec ces marbres (p. 37, n. 2) et le coup d'œil, d'en haut, sur la Sardaigne (Strab., v, 222), sont-ils évoqués, — ou même la décadence de Luna sous l'empire[55] ? L'interruption paraît bel et bien accidentelle. Ne pourrait-on aussi faire entrer en compte la personnalité de Rutilius, dans la mesure où le texte nous la laisse entrevoir ? Il est vrai que le haut fonctionnaire lettré pouvait *a priori* aussi bien, par dignité, repousser ce raffinement un peu mesquin de supercherie littéraire, que l'accueillir, par vanité d'écrivain. Mais il y a le philosophe, qui transparaît çà et là

---

55. [Décadence et ensablement du port ; abandon des carrières sous Septime Sévère quand les marbres de couleur furent préférés ; sous Constantin, quand les monuments anciens fournirent les matériaux des nouveaux édifices].

dans les digressions et non seulement le touriste curieux et un peu puéril. Dans son évident éclectisme[56] Rutilius assez souvent penche vers la doctrine du Portique. Il est certain qu'il croit à la Providence, qu'au sujet de la divinité il employait la terminologie stoïcienne (« Dieu », « la nature », « les dieux »), qu'il vante ceux de ses amis qui savent supporter l'une et l'autre fortune, qu'il frappe, çà et là, des maximes dans le goût de Lucain ou de Sénèque, qu'il emprunte aux Pythagoriciens, comme le néo-stoïcisme du Ier siècle avant Jésus-Christ, la théorie physiologique des degrés de l'intelligence correspondant à la température du sang autour du cœur (I, 390), que s'il juge avec moins de sévérité qu'un Sénèque le culte d'Osiris[57], sa réprobation des Juifs s'exprime en termes qui rappellent étrangement le *De superstitione*[58]. Ne fait-il pas (comme saint Ambroise, *Ep.* I, 39, 3) sur les cités en ruine (409-414) les graves réflexions qu'avait faites, à son retour d'Asie Mineure, en 46 avant J.-C.,

---

56. [Cf. Vessereau, p. 186 s. Walram Rettich, *Welt- und Lebensanschauung des spatrömischen Dichters Rutilius Claudius Namatianus*, Zürich, 1918].

57. [Cf. I, 375 et Sen. *fragm.*, 36 (éd. Haase des *Senecae opera*, III, Leipzig, 1878, p. 426 : *huic furori certum tempus est : tolerabile est semel in anno insanire*].

58. [Sen. *fragm.* sur le sabbat : 41, p. 427 ap. Augustin., *De civ. Dei*, 611) : *per illos singulos septem interpositos dies septimam fere partem aetatis suae perdunt uacando et multa in tempore urgentia non agendo laeduntur* ; sur vainqueurs et vaincus : 42, p. 427 : *usque eo sceleratissimae gentis consuetudo conualuit, ut per omnes iam terras recepta sit : uicti uictoribus leges dederunt.* Cf. Rutil., I, 391 et 398. Le vers 398 a été déjà rapproché de Sénèque par Vessereau, p. 294, n. 1, puis par Summers, *Select letters of Seneca*, Londres, 1926, p. XCVIII, n. 1].

le fonctionnaire stoïcien Ser. Sulpicius (Cic., *Ad. fam.*, IV, 5, 4) ? Dans la mesure où ce haut dignitaire était philosophe, l'artifice raffiné et petit qu'on lui prête spirituellement apparaît comme assez peu vraisemblable. Enfin cet esprit sérieux aura-t-il confié à un opuscule aussi frivole que celui qu'on imagine ces tirades, d'un accent si prenant parfois, sur ses amis, sur son père, sur Rome dont l'amour emplit son cœur ? Et nous aimons mieux croire à un journal de voyage pur et simple, mis au point sans doute après coup et affectant, selon la loi du genre[59], un certain air d'improvisation dont nul n'était dupe, mais comportant, bel et bien, des étapes terrestres, là où le chemin de terre était praticable, et des étapes maritimes, là particulièrement et peut-être exclusivement où il ne l'était pas[60]. Après tout, il s'agit du récit (rien de plus, rien de moins) d'un « retour » en Gaule[61].]

---

59. [Hor., *Sat.*, I, 5 ; Ov., *Trist.*, I, 10 ; Stat., *Silu.* III, 2].

60. [Cf. I, 39-42].

61. [I, 1, *uelocem reditum mirabere* ; 36, *uincimur et serum-toleramus iter* ; II, 62, *carmine propositum iam repetamus iter*.

NOTE SUR LA PRÉSENTE ÉDITION

Le texte

La traduction et l'introduction du *De reditu suo* de Jules Vessereau, achevées par François Préchac, publiées initialement en édition critique dans la Collection des Universités de France en 1933, étaient devenues introuvables. Elles sont ici rendues à nouveau accessible au lecteur.

L'édition critique bilingue de référence est aujourd'hui celle qu'Étienne Wolff, avec la collaboration de Serge Lancel et de Joëlle Soler, a donnée dans la Collection des Universités de France en 2007.

Dans un premier temps, il avait été simplement envisagé de réviser l'édition Vessereau-Préchac en y incluant les fragments découverts en 1973. Mais l'incendie du dépôt des Belles Lettres conduisit à abandonner cette idée et lui préférer l'entreprise d'une nouvelle édition mieux à même de servir les exigences scientifiques actuelles.

Les illustrations

Les aubes, qui, annonçant le jour nouveau, scandent la progression du voyage et du récit de Rutilius ont guidé le choix des illustrations. Chaque page du cahier central correspond à une métaphore astrale de chacune des huit étapes du périple.

SUR SON RETOUR[1]

LIVRE PREMIER

C'est plutôt la promptitude de ce retour qui va t'étonner, lecteur ; comment puis-je si vite renoncer aux charmes de la ville de Romulus[2] ? Est-il séjour trop long pour ceux qui consacrent à Rome leur vie tout entière[3] ? Non, rien n'est long de ce qui ne cesse jamais de plaire. Oh combien, oh que de fois puis-je estimer heureux ceux qui ont mérité de naître sur cette terre bénie, ces généreux descendants des nobles Romains, chez qui la gloire de la naissance est portée au comble par l'honneur qu'ils tiennent de leur ville ! Les germes des vertus[4], trésor tombé du ciel, n'auraient pu rencontrer ailleurs plus digne sol. Heureux aussi les hommes qui, par une faveur du sort voisine de la première, ont occupé une maison dans le Latium ! Le sanctuaire de la Curie s'ouvre au mérite venu du dehors ; elle ne considère pas comme étrangers ceux qui sont dignes de lui appartenir. Ils jouissent de l'autorité de cet ordre, de l'autorité de leurs collègues ; ils ont part à l'influence du génie tutélaire, qu'ils adorent[5]. Ainsi dans l'éther, d'un pôle à l'autre, s'exerce, croyons-nous, le pouvoir unificateur du Dieu suprême[6].

Mais moi, malheureux ! je suis arraché à ces régions chéries ; enfant de la Gaule, les campagnes gauloises

me rappellent. Elles sont, il est vrai, bien défigurées par d'interminables guerres[7], mais moins elles ont de charme, plus elles méritent de pitié. Quand ils vivent sans alarme, c'est une faute légère de négliger des compatriotes ; mais le dévouement des particuliers est dû lors des calamités publiques. C'est sur place
25 que nous devons pleurer les maisons de nos aïeux ; la leçon directe et répétée de la souffrance rend l'effort efficace. Il n'est pas permis d'ignorer plus longtemps la longue série des ruines, multipliées par les délais et l'ajournement des secours. Il est bien temps, quand
30 nos terres sont ravagées par l'incendie implacable, de rebâtir ne fût-ce que des cabanes de bergers ! Que dis-je ? les fontaines elles-mêmes, si elles pouvaient articuler parole humaine, nos arbousiers eux-mêmes, s'il leur était possible de parler, pourraient, devant mon retard, m'accabler de justes plaintes et prêter à mes regrets la rapidité des voiles.

35 Bientôt, dénouant l'étreinte de la Ville chérie, je cède à cet appel, et, si tard que ce soit, je me résigne — avec peine ! — au voyage. Je choisis la route de mer, car, sur la route de terre, les plaines sont inondées par les fleuves ; les hauteurs, hérissées de rochers[8]. Depuis que les champs de Tuscie, que la chaussée
40 d'Aurélius, ayant éprouvé tout le fer et tout le feu des troupes gétiques, n'ont plus de maison pour abréger les étapes en forêt, plus de pont pour resserrer les bords des fleuves, la mer a beau être incertaine : il vaut mieux lui confier mes voiles.

Mille fois, sur ces portes qu'il me faut quitter, je colle mes baisers ; à regret mes pieds franchissent

le seuil sacré ; j'implore le pardon par des larmes,
j'offre des louanges en sacrifice (dans la mesure où les
pleurs laissent s'échapper mes paroles) : « Écoute, ô   45
reine si belle d'un monde qui t'appartient, ô Rome,
admise parmi les astres du ciel ! écoute, mère des
hommes, mère des Dieux, tu nous rapproches du
ciel par tes temples. C'est toi que je chante, que
toujours, aussi longtemps que le permettront les   50
destins, je chanterai ; personne ne peut rester vivant
et perdre ton souvenir. J'ensevelirai plus vite le soleil
dans un criminel oubli que je ne laisserai s'évanouir
ta glorieuse image dans mon cœur. C'est que par-
tout où atteignent les rayons du soleil, tu étends ta
munificence, partout où l'Océan agite le cercle de   55
ses flots. Pour toi roule Phébus lui-même, dont le
tour embrasse tout ; chez toi se lèvent, chez toi se
couchent ses coursiers. Avec ses sables embrasés la
Libye n'a pas retardé ta marche ; armée de ses glaces,   60
l'Ourse ne t'a pas repoussée. Aussi loin que la nature
habitable s'étend vers les pôles, aussi loin ta valeur
s'est frayé une voie sur la terre. Tu as formé pour
les nations les plus distantes une même patrie ; aux
peuples sans loi que tu as conquis tu as fait du bien
en régnant sur eux. En offrant aux vaincus le partage   65
de tes propres lois, tu as fait une cité de ce qui jadis
était l'univers.

« Pour auteurs nous reconnaissons à ta race
Vénus et Mars, la mère des Ennéades et le père des
Romulides. La force armée adoucie par la clémence
victorieuse : ton caractère réunit les vertus des deux   70
divinités. De là te vient la joie si bonne de combattre

et d'épargner : en domptant qui tu as redouté, en aimant qui tu as dompté. Nous honorons d'un culte la déesse qui trouva l'olivier, le dieu qui découvrit le vin et le jeune homme qui le premier enfonça dans le sol la charrue ; l'art de Péon valut des autels à la médecine et Alcide eut le cœur si noble qu'il devint lui aussi dieu. Toi aussi, toi qui tiens le monde en toute son étendue par tes triomphes civilisateurs, ayant uni tous les peuples, tu les fais vivre sous les mêmes lois. Oui, c'est ton culte, ô Rome, que célèbre dans tous les recoins de l'univers le Romain portant une tête libre sous un joug pacifique. Les astres qui poursuivent sans relâche leurs éternelles révolutions n'ont jamais vu empire plus beau. Quelle puissance comparable les Assyriens avaient-ils réussi à constituer avec leurs armes lorsque les Mèdes, leurs voisins, purent les dompter ? Quant aux grands rois des Parthes et aux tyrans de Macédoine, tour à tour ils s'imposèrent leurs lois à travers différentes alternatives. Et toi, à ta naissance, tu n'eus pas plus d'hommes ni plus de bras, mais tu eus plus de sagesse et plus de discernement. Illustre par des guerres justes suivies d'une paix sans insolence, ton essor glorieux t'a portée au faîte de la puissance. Souveraine, tu es moins grande pour l'être en effet que pour mériter de l'être ; tes exploits, à toi, dépassent les exploits les plus grands. L'effort de dénombrer les hauts monuments de ta gloire, fertile en trophées, équivaudrait à compter les étoiles. Le regard allant de tous côtés[9] est ébloui par l'éclat de tes temples ; telles doivent être, je crois, les demeures des dieux mêmes. Que dirai-je des eaux vives suspendues

sur des arcades dans les airs, là où Iris élèverait à
peine son arc chargé de pluies ? On dirait plutôt des
montagnes dressées là jusqu'aux astres : voilà une de
ces œuvres de géant que pourrait vanter la Grèce. Des   100
masses captées d'eau courante s'accumulent entre tes
murs ; des bains sous leur voûte élevée absorbent des
lacs entiers. Non moins abondantes entre les murs
humides de fraîcheur coulent aussi des eaux qui sont
tiennes, et partout murmurent des sources nées de
ton sol. Et ainsi des souffles d'air frais tempèrent   105
les chaleurs de l'été et une eau plus pure qu'ailleurs
étanche la soif sans danger. C'est bien pour toi que,
s'ouvrant soudain, un gouffre d'eaux chaudes coupa le
chemin de la roche Tarpéienne attaquée par l'ennemi.
Si elles avaient continué à couler ensuite, je croirais
peut-être à un effet du hasard : elles coulèrent à ton
secours, puisqu'elles devaient rentrer dans le sol. Que   110
dirai-je de ces bocages enclos dans des portiques à
caissons, où l'oiseau né là peut s'ébattre avec des
chants variés ? Un printemps qui est bien à toi ne
cesse jamais d'adoucir tes saisons ; l'hiver vaincu
favorise tes plaisirs.

Relève les lauriers qui couronnent tes cheveux ;   115
et rajeunis ton chef sacré, Rome, sous un verdoyant
feuillage. Que la couronne d'or, sur ton casque qu'elle
borde de tours, lance des rayons ; que toujours des
feux jaillissent du cône d'or de ton bouclier. Que
l'oubli total des injures subies jette son ombre sur
une sinistre aventure ; que le mépris des souffrances
ferme et cicatrise tes plaies. Dans tes revers tu as   120
accoutumé de compter sur le succès ; à l'image du

ciel tu es plus riche après les pertes essuyées. Les
feux des astres préparent en se couchant des levers
nouveaux ; tu vois la lune terminer son cours pour
le recommencer. Brennus vainqueur n'attendit pas
125 longtemps après l'Allia son châtiment ; le Samnite
expia par l'esclavage de cruels traités. Après de nom-
breuses défaites tu mis en fuite Pyrrhus qui t'avait
vaincue ; Hannibal lui-même pleura ses succès. Ce
qui ne peut être submergé remonte d'un élan accru à
la surface ; du fond de l'abîme il bondit pour monter
130 plus haut. Comme le flambeau qu'on incline reprend
de nouvelles forces, ainsi, plus éclatante après la chute,
tu aspires au ciel.

   « Propage ces lois qui vivront avec toi de siècle
en siècle ; puisses-tu, seule, ne pas redouter la fatale
135 quenouille bien qu'à onze cent soixante années écou-
lées tu ajoutes déjà la neuvième ! Les siècles qu'il te
reste à vivre ne sont soumis à aucune limite, tant que
subsistera la terre et que le ciel portera les astres. Tu
140 reçois une force nouvelle de ce qui détruit les autres
royaumes : trouver dans ses malheurs un principe
d'accroissement, est la loi de la résurrection !

   Courage donc ! qu'une nation sacrilège tombe
enfin en victime ! Que les Gètes courbent tremblants
devant toi leur col perfide ! que leurs terres pacifiées
te paient de riches tributs ! que le butin des barbares
145 s'accumule aux plis augustes de ta robe ! Que pour
toi toujours laboure le Rhin, toujours déborde le
Nil ! Que celle qui a nourri l'univers soit nourrie par
les produits de l'univers ! Puisse, même, l'Afrique
t'apporter de fécondes moissons, l'Afrique enrichie

par son soleil, mais plus encore par les pluies venues
de toi ! Puissent, en attendant, lever dans les sillons
du Latium le blé à pleins greniers ; puissent les pres-
soirs combles ruisseler du nectar d'Hespérie ! Que 150
le Tibre lui-même, ceint d'un roseau triomphal,
mette ses eaux au service des enfants de Romulus ;
que pour toi, entre ses rives paisibles, se croisent et
les denrées de la campagne qu'apporte le courant et
celles venues de la mer, qui le remontent. 155

    « Ouvre-moi, je t'en prie, une mer apaisée sous
l'influence de Castor le Gémeau ; que Cythérée,
qui me guide, aplanisse la route des ondes, si je n'ai
point déplu, quand je rendais la justice aux fils de
Quirinus, si j'ai honoré et consulté les vénérables
sénateurs. Quant au reste (s'il est vrai que nul crime
n'a fait sortir mon épée du fourreau), la gloire en soit
non au préfet, mais au peuple... Qu'il me soit donné 160
de finir mes jours sur la terre de mes pères ou que
tu doives un jour être rendue à mes yeux, je vivrais
heureux et ma félicité passerait tous mes vœux, si tu
daignais garder toujours mon souvenir. »

    Vivement à ces mots nous nous mettons en
route ; mes amis m'accompagnent ; mes yeux à sec 165
ne peuvent exprimer leur adieu. Bientôt les autres
rentrent à Rome, mais à mes pas s'attache Rufius,
gloire vivante de son père Albinus, Rufius dont le
nom remonte à l'antique souche de Volusus, et en qui
revivent les rois Rutules, au témoignage de Virgile[10].
Son éloquence lui a valu la charge de questeur du 170
palais[11] ; à la fleur de l'âge il a été jugé digne de parler
au nom de l'empereur. Déjà, presque enfant encore, il

avait, comme proconsul, gouverné les Carthaginois ;
il avait inspiré à la fois aux Tyriens crainte et amour[12].
Son zèle persévérant lui promet l'honneur suprême
175 des faisceaux ; si l'on peut faire fond sur les titres
acquis, il sera consul. Il ne voulait pas dans mon
chagrin se séparer de moi : je l'y contraignis enfin ; nos
corps sont séparés, mais une même pensée nous unit.

180 Alors seulement je me dirige vers les bateaux en
prenant, là où le Tibre se sépare en deux branches,
celle qui coupe les champs à droite. On évite le bras
gauche, au lit ensablé et impraticable ; il ne lui reste
que la gloire d'avoir reçu Énée[13]. Déjà Phébus avait
allongé la durée des heures nocturnes en entrant
dans le ciel pâli du Scorpion. Nous hésitons à nous
185 risquer sur la mer et demeurons au port ; nous aimons
mieux nous résigner au repos devant l'obstacle dressé,
tandis que la Pléiade à son coucher fait rage sur les
flots mal sûrs et que le courroux de la saison orageuse
va tombant. Il nous plaît de reporter sans cesse les
190 yeux vers la ville encore voisine, de suivre la ligne des
montagnes d'un regard qui ne les distingue presque
plus et d'accompagner notre œil dans la direction
où il jouit du pays aimé, car il croit qu'il peut aper-
cevoir l'objet désiré. Et ce lieu, là-bas, ce n'est pas
l'indice de la fumée qui me le fait reconnaître, ce
lieu qui possède la citadelle souveraine, la capitale
de l'univers ; — et cependant Homère recommande
195 le signal que donne une légère fumée, quand elle
s'élève d'un endroit chéri vers les astres[14] —, mais
une zone plus éclatante dans le ciel, un horizon
dépouillé marquent les faîtes qui brillent aux sept

collines[15]. Là le soleil paraît sans interruption, et
il n'est pas jusqu'au jour que Rome crée pour elle,   200
qui ne semble plus pur. Plus d'une fois mon oreille
sous le charme perçoit l'écho des jeux du Cirque ;
les acclamations qui redoublent annoncent que les
théâtres sont pleins. Des cris familiers frappent les
airs qui me les renvoient, soit qu'ils me parviennent
en effet, soit que mon amour me fasse illusion.

Quinze jours nous guettâmes un moment sûr pour   205
prendre la mer, attendant que la brise meilleure de
la nouvelle lune se levât. Puis, sur le point de partir,
je renvoie à ses études, à Rome, Palladius, l'espoir et
la gloire de ma famille[16]. Je une homme éloquent,
il vient de quitter les campagnes des Gaules pour
étudier les lois du forum romain[17]. Il m'est lié par
le plus doux des liens, le souci qu'il m'inspire ; c'est   210
un fils par l'affection, un parent par le sang. Son
père Exuperantius enseigne à présent aux rivages
d'Armorique à aimer la paix revenue d'exil ; il rétablit
les lois, ramène la liberté et ne permet plus que les
scrviteurs fassent de leurs maîtres des esclaves[18].   215

Nous appareillons à la lumière indécise de l'aurore,
au moment où la couleur rendue aux campagnes
commence à les laisser reconnaître. Nous avançons le
long des rivages voisins sur de petites barques capables
de trouver un refuge dans les nombreuses échancrures   220
de la côte. En été, laissons la voilure des navires de
charge s'engager au milieu des flots ; il est plus sûr en
automne de pouvoir s'échapper promptement. Nous
longeons la terre d'Alsium et laissons derrière nous
Pyrgi[19], aujourd'hui grandes maisons de campagne,

225 petites villes autrefois. Voici bientôt le territoire de
Céré que nous montre le pilote : le cours des âges a
fait perdre son nom à la vieille Agylla. Nous serrons
de près des ruines, œuvre des flots et du temps : c'est
Castrum, où une vieille porte indique une localité à
demi détruite. Par devant se dresse, taillée dans un
modeste bloc de pierre, la statue de celui qui porte au
230 front, comme dieu pastoral, des cornes. Bien qu'avec
les années se soit perdu le nom primitif, ici était,
selon la tradition, Castrum d'Inuus[20]. Est-ce Pan,
qui a quitté le Ménale pour les forêts tyrrhéniennes ?
Est-ce le Faunus indigène, qui s'en va dans les gorges
235 boisées du sol natal, tandis que par d'abondantes
naissances il renouvelle les générations mortelles ?
Il est représenté fort enclin aux plaisirs de Vénus[21].

Nous fûmes repoussés vers Centumcellae[22] par
un violent vent du sud ; dans son port tranquille
nos barques ont mouillé. Des môles enceignent les
eaux en amphithéâtre et l'étroite issue est protégée
par une île faite de main d'homme. Deux tours la
240 dominent et un double goulet s'ouvre à travers une
passe étroite de chaque côté. Il n'a pas suffi d'établir
des bassins de radoub dans la partie la plus large du
port : pour que les souffles vagabonds ne puissent
agiter les navires même au port, on a fait venir la
245 partie intérieure jusqu'au milieu des maisons et ses
eaux immobiles n'y connaissent plus les mouvements
de l'air. Ainsi dans les bassins où nagent les colons
venus d'Eubée[23], l'eau captive soutient le baigneur
en clapotant aux mouvements alternés de ses bras
souples.

Il me prend envie de connaître les thermes qui ont emprunté leur nom à un taureau[24]. Et ce n'est pas me retarder sérieusement que d'aller à trois milles. Là les sources ne sont pas gâtées par un goût d'amertume ; l'eau chaude n'est point imprégnée de vapeurs de soufre. L'odeur en est pure, la saveur douce ; et le baigneur hésitant se demande quel usage il vaut mieux en faire. Si la tradition mérite créance, c'est un taureau qui par la découverte de cette source nous donna ces bains chauds (car cet animal a coutume de faire sauter les mottes de terre lorsqu'il prélude à un combat, frottant à un tronc dur ses cornes inclinées). Ou bien ce fut un dieu qui ne voulant pas laisser ignorées les richesses d'un sol brûlant emprunta la figure et les armes d'un taureau : ainsi fit, pour enlever la fille d'Agénor[25] et jouir de son larcin, le dieu qui engagea la jeune vierge à passer la mer sur son dos. Les prodiges difficiles à croire ne sauraient être décemment le privilège des Grecs ; c'est à un animal qu'est due la fontaine d'Hélicon[26] ; ainsi ont jailli ces eaux et, n'en doutons pas, leur origine rappelle la source des Muses creusée sous le sabot d'un cheval. Ces trous eux-mêmes sont comparés aux antres du mont Piérus dans des vers de Messala qui célèbrent cet endroit ; et quand on entre, on est charmé, et quand on s'en va, retenu par la grâce poétique de l'inscription que la porte sainte offre en écriteau. C'est ce Messala qui descend directement du premier consul, si nous remontons jusqu'aux Publicola, ses aïeux[27] ; c'est lui qui, en qualité de préfet, était obéi des prétoriens sur un signe de tête ;

250

255

260

265

270

mais son intelligence et son éloquence lui assurent
275 une gloire plus haute encore. C'est lui qui nous a
montré quelle âme exigent pour y siéger les dons
de l'orateur ; à condition de vouloir être homme de
bien, vous serez éloquent.

Humide de rosée, l'aurore brillait dans un ciel
empourpré ; nous déployons nos voiles qui dociles
à la brise se gonflent de biais. Quelque temps
nous évitons le rivage où le Munio[28] s'étale sur des
bas-fonds, dangereux mouillage où une modeste
280 embouchure agite les eaux sans trêve. Puis nous
apercevons Graviscae[29] avec ses toits clairsemés, lieu
qu'en été l'odeur des marais infecte souvent. Mais
les alentours boisés verdoient sous d'épaisses forêts
et l'ombre des pins ondoie sur la bordure des flots.
Nous distinguons d'antiques ruines que ne garde
285 personne et les affreuses murailles de Cosa déserte.
J'ai honte d'exposer la cause ridicule de son malheur,
au milieu de choses sérieuses, mais je regretterais de
tenir caché un sujet de rire. On raconte que jadis les
habitants, émigrants involontaires, quittèrent leurs
290 foyers infestés par les rats[30] ! J'aimerais mieux croire
aux désastres essuyés par la cohorte des Pygmées et
aux ligues formées par les grues pour leurs guerres
habituelles.

Non loin de là nous gagnons le port désigné
d'après Hercule ; le jour baisse et aussitôt le vent
mollit. Au milieu des restes d'un vieux camp nous
devisons à nouveau, de la fuite hâtive de Lépidus
295 en Sardaigne. C'est en effet sur les rivages de Cosa
que l'ennemi du sang Romain fut chassé par Rome

marchant sous les ordres de Catulus. Cependant il était pire encore, cet autre Lépidus qui dans la guerre civile soutint une guerre impie avec ses deux collègues et qui écrasa la liberté, — rendue à Rome par la bataille de Modène — sous des troupes de renfort aux yeux de la Ville terrifiée[31]. Un troisième osa attenter à la paix ; il reçut le coup fatal que méritent ces malfaiteurs sinistres. Un quatrième[32] voulut se glisser au trône des Césars ; il subit le châtiment d'une impure liaison. Aujourd'hui encore..., mais la renommée saura mieux que nous se plaindre de nos contemporains : laissons la postérité juger et flétrir cette race pernicieuse. Faut-il croire que de certains noms entraînent certaines mœurs ? ou bien qu'à certaines mœurs sont attachés certains noms ? Quoi qu'il en soit, c'est, dans les Annales du Latium, une étrange série de coïncidences qui ramène si souvent l'attentat armé des Lépidus.

Les ténèbres ne sont pas encore dissipées quand nous nous confions à la mer ; de la hauteur voisine se met à souffler un vent favorable. Au milieu des eaux s'avance le mont Argentarius dont le double sommet domine deux baies azurées. Franchi en largeur l'étranglement de ses collines mesure deux fois trois milles ; leur pourtour sur mer en comprend trois fois douze. Ainsi entre deux bordures de vagues, son rivage baigné par deux mers, l'Isthme de Corinthe partage le gouffre Ionien. Nous avons peine à suivre en bateau tous les contours de la falaise émiettée en récifs ; et la manœuvre, attentive aux sinuosités du chemin, ne va pas sans de laborieux efforts. Avec les

multiples changements de direction, le vent, à chaque
fois, change aussi : les voiles qui nous avaient aidés
tout à l'heure, nous retardent soudain.

Au loin, j'admire les cimes boisées d'Igilium[33] :
325   je n'ai pas le droit de la frustrer de l'hommage dû à
sa gloire. C'est elle qui naguère protégea ses propres
forêts, soit par sa situation naturelle, soit par le génie
tutélaire de son maître, lorsque avec son modeste
détroit elle fit échec à des armes victorieuses, comme
330   si une vaste étendue de mer la séparait du continent.
C'est elle qui accueillit de nombreux citoyens chassés
de la Ville mise à sac ; c'est ici que las, ils quittèrent
leur frayeur pour la certitude du salut. Mainte région
maritime — au cours d'une guerre continentale —
avait été ravagée par des cavaliers qui, forçant leur
nature, s'étaient fait craindre à bord. Il est historique
(ô merveille) que, par le caprice des décisions du sort,
335   un même port se trouva si près pour les Romains, si
loin pour les Gètes.

Nous arrivons à l'Umbro, fleuve qui n'est pas
sans renom ; son embouchure offre un asile sûr aux
navires en détresse, tant son lit est toujours accessible
par la persistance de son courant chaque fois que se
340   déchaîne sur la mer une violente tempête. Ici, je vou-
lais aborder sur cette rive tranquille ; mais les matelots
désirent aller plus loin et je les suis. Dans cette course
précipitée, la brise et le jour nous manquèrent à la
fois : il n'est plus possible d'avancer ni de reculer.
Le sable du rivage nous fournit un campement pour
345   le repos de la nuit ; le feu du soir nous est procuré
par une forêt de myrtes. Nous dressons nos rames

pour élever une petite tente ; une gaffe était jetée en travers, en manière de faîte improvisé.

La lumière avait reparu. Avançant à force de rames, nous croyons rester sur place ; mais la proue va bien de l'avant, car la terre s'éloigne. Devant nous se présente l'île fameuse par les mines des Chalybes, Ilva, dont le produit ne le cède pas en richesse au minerai du Norique, ni n'est inférieur à celui que le Biturige traite dans ses vastes fournaises, ni aux masses de fer que la Sardaigne fait couler des morceaux de son sol. Les peuples reçoivent plus de bienfaits de la terre féconde, qui crée le fer, que du gravier jaune du Tage espagnol. L'or meurtrier n'est bon qu'à créer le vice : l'amour aveugle de l'or conduit à tous les crimes. L'or offert en présent vient à bout des liens d'un hymen légitime ; le sein de la jeune fille s'achète par une pluie d'or. Vaincue par l'or, la fidélité trahit les villes les mieux défendues[34] ; l'abus scandaleux de l'or déchaîne les fureurs de la brigue elle-même. Mais au contraire, c'est avec le fer que se cultivent les campagnes en friche, avec le fer que l'homme trouva son premier moyen d'existence. Les générations des demi-dieux qui ne connaissaient pas Mars bardé de fer, se défendaient avec le fer contre les bêtes féroces. À la main de l'homme, il ne suffit plus de s'employer désarmée, il faut encore ces autres mains que sont les armes de fer. Voilà quelles pensées me consolaient de la lenteur fastidieuse du vent, tandis que la chiourme, en variant le ton, allait répétant son banal refrain[35].

Notre épuisante traversée s'arrête à Falérie, non loin de là ; et cependant Phébus avait accompli à peine la moitié de sa course. Il se trouva que les paysans[36] en liesse, répandus dans les carrefours rustiques, berçaient la lassitude de leurs âmes en des réjouissances sacrées. C'est en effet ce jour-là

375 qu'Osiris enfin ressuscité fait lever les fécondes semences pour des moissons nouvelles. Ayant mis pied à terre, nous gagnons l'hôtellerie d'une villa et flânons dans un bois : un délicieux étang aux eaux bien encloses charme nos regards. Là s'ébattent en jouant, au milieu de viviers, des poissons que la largeur du bassin laisse libres de leurs mouvements.

380 Mais nous payâmes bien cher notre repos dans ce riant séjour, par la dureté de l'aubergiste, qui dépasse celle d'Antiphatès[37] pour ses hôtes. En effet à ce lieu était préposé un juif hargneux, un de ces animaux irréconciliables avec la nourriture de l'homme. Il nous porte en compte arbrisseaux meurtris, algues foulées et crie : « Oh, préjudice énorme ! » pour

385 un peu d'eau prélevée dans le bassin. Nous rendons toutes les injures qu'elle mérite à cette race immonde qui se mutile sans pudeur l'extrémité du membre génital, à cette souche de folie qui a tant à cœur son

390 glacial sabbat, mais dont le cœur même est encore plus glacé que sa religion. Chaque fin de semaine est condamnée pour elle à un honteux engourdissement, image aveulissante de la lassitude qu'elle prête à son dieu. Quant aux autres extravagances de cette bande d'esclaves imposteurs, il serait impossible, je pense,

395 à tous les enfants du monde d'y ajouter foi. Ah ! si seulement la Judée n'avait jamais été soumise par les armes de Pompée et réduite par l'autorité suprême

de Titus ! Vous extirpez ce fléau : la contagion ne
s'en répand que plus loin, et la nation vaincue pèse
lourdement à son vainqueur[38].

Contre nous se lève Borée ; mais nous aussi,
l'aviron en main, nous nous dressons avec ardeur   400
contre lui, quand le jour éclipse les astres. Tout près
de nous Populonia ouvre son rivage sûr, là où une
baie naturelle se creuse dans les terres. Ici point de
phare élevant dans les airs une construction massive
et attirant les regards par un nocturne flambeau ; mais
les anciens ont choisi comme poste d'observation   405
un puissant rocher et à l'endroit où la cime escarpée
domine et repousse le flot vaincu, ils ont fondé pour
l'homme un château à deux fins : pour défendre la
terre et pour envoyer des signaux en mer. On ne peut
plus reconnaître les monuments des âges passés ; le
temps, qui dévore tout, a détruit les murs grandioses.
Il ne reste que des vestiges, une ligne de remparts   410
effondrés çà et là ; sous de vastes décombres les toits
gisent ensevelis. Ne nous indignons pas si les corps
des mortels ont une fin : des exemples nous font voir
que les villes peuvent mourir.

Ici, une joyeuse nouvelle se propage jusqu'à mes
oreilles ; je faillis me décider à retourner à Rome. Ici   415
en effet, nous apprenons que la préfecture de la Ville
sainte vient d'être, ô mon doux ami, confiée à tes
mérites. Je voudrais bien enchâsser dans mon poème
ton vrai nom, mais il est certains pieds qu'évite le
mètre inflexible. Comme surnom du moins tu che-   420
mineras porté par mon vers, bien cher Rufius ; sous
ce titre, plus haut déjà, tu es chanté par mon livre.

Qu'une fête, celle qui daigna visiter mes pénates il y
a longtemps, enguirlande les montants de ma porte
en l'honneur de mes vœux exaucés ; que des branches
425 vertes décorent notre joie commune ; on a élevé aux
honneurs la moitié de moi-même. Voilà plutôt, oh !
oui voilà comment je dois aimer que se renouvelle
mon pouvoir : celui par qui j'avais rêvé de me sentir
une fois de plus à l'honneur me vaut cette joie.

Nous tâchons de faire route à la voile, malgré le
retour du vent du nord, dès que l'étoile du matin a
430 resplendi sur son coursier vermeil. Voici que dans
la brume la Corse commence à nous découvrir ses
montagnes ; leurs sommets nuageux sont agrandis
par une ombre de même couleur. Ainsi souvent le
mince croissant de la lune, aux formes indécises,
s'évanouit et elle se dérobe aux yeux las qui l'ont
435 rencontrée. Ici le peu de largeur de la mer a accrédité
les fictions de la légende. On rapporte en effet qu'un
troupeau de bœufs la franchit à la nage quand pour
la première fois s'en vint aux rivages de Cyrnos une
femme appelée Corsa, qui poursuivait un de ses
bœufs échappé.

Comme nous avançons dans la haute mer, voici
que surgit Capraria, île repoussante toute remplie de
440 ces hommes qui fuient la lumière. Eux-mêmes ils se
donnent le nom grec de moines, parce qu'ils veulent
vivre seuls, sans témoin. Ils redoutent les faveurs de
la fortune, tout en en craignant les revers. Se peut-il
qu'on se rende volontairement malheureux, par peur
445 de le devenir ? Quelle est cette rage stupide de cer-
velles à l'envers ? À force de craindre les disgrâces, ne

pouvoir souffrir non plus le bonheur ! Peut-être s'in-
fligent-ils, vrais forçats, le châtiment qu'ils méritent
par leurs crimes ; peut-être leur sombre cœur est-il
gonflé d'un fiel noir. Ainsi un morbide excès de bile
est la cause assignée par Homère aux désespoirs de
Bellérophon[39] ; car ce jeune homme ayant senti les   450
traits d'une douleur cruelle était malade, lorsqu'il
prit en haine, dit-on, le genre humain.

J'entre dans la région de Volaterra, justement
appelée Vada ; le chenal n'est pas sûr et j'en suis la
partie profonde. La vigie regarde le fond de l'eau
pour diriger la barre docile et commander en criant
la manœuvre à l'arrière. L'entrée incertaine est mar-   455
quée par deux arbres et la limite de part et d'autre
présente une rangée de pieux enfoncés dans l'eau ; sur
ces pieux il est d'usage d'attacher de grands lauriers
faciles à remarquer avec leurs rameaux et leur feuillage
touffu ; de la sorte, malgré les herbes que porte un   460
fond continu de vase épaisse, le passage, gardant ses
jalons inébranlables, reste nettement tracé. En cet
endroit je dus faire halte devant un Corus impétueux
comme il l'est quand il brise les halliers en forêt. C'est
tout juste si, abrités dans des maisons, nous pûmes
endurer la violence des pluies ; à nous s'était ouverte   465
la villa toute proche de mon Albinus. Mon Albinus,
en effet, car Rome lui confia après moi mes fonctions
et en lui se continuèrent les pouvoirs attachés jadis à
ma toge[40]. Il n'attendit pas les années ; son mérite y
suppléa ; par la fleur de son âge c'est un enfant, par sa
prudence réfléchie, un vieillard. Des égards mutuels   470
unirent nos caractères qui, déjà, fraternisaient et nos

sympathies s'accrurent dans une amitié réciproque. Il a préféré, — et cependant il pouvait l'emporter sur moi, — me laisser les rênes, mais l'amour de son 475 prédécesseur l'a fait encore plus grand[41].

Au pied de la villa, je contemple tout à loisir des salines[42] ; car c'est par ce nom qu'on désigne un marais salant où l'eau de la mer, par la pente des canaux creusés sur le sol, pénètre et où de menus fossés emplissent des réservoirs aux multiples compartiments. Mais ensuite, quand Sirius a dardé ses feux brûlants, quand 480 l'herbe a jauni et que la campagne est partout altérée, le barrage des écluses ferme à la mer tout accès et ainsi l'eau devenue immobile se durcit sur le sol échauffé. Les principes naturels de la coagulation reçoivent en eux la vive influence de Phébus et il se forme une croûte pesante par la chaleur d'été. Il 485 n'en est pas autrement quand l'Hister a durci sous la glace qui le hérisse et porte sur ses eaux solidifiées d'immenses chariots. Laissons fouiller cette question à qui a coutume d'étudier les lois de la nature ; que dans un même foyer il cherche la raison d'effets si contraires : les cours d'eau enchaînés par la gelée s'ils reçoivent les rayons du soleil, deviennent liquides et, 490 au contraire, des eaux liquides sont gelées par eux.

Oh ! que de fois le mal est la source du bien ! une fâcheuse tempête fut cause d'un agréable retard. En effet Victorinus, qui occupe une si grande partie de mon cœur, en me rejoignant ici met le comble à mes vœux et aux siens. Sans asile il fut forcé de se fixer 495 dans les champs de Tuscie et d'honorer des Lares étrangers quand fut prise Toulouse[43]. Sa sagesse n'a

pas brillé seulement dans le malheur ; il avait du
même cœur porté un sort plus heureux. Ses qualités
ont eu pour témoin l'Océan, pour témoin Thylé et
toute la campagne que laboure le fier Breton[44] là où,   500
vicaire d'un préfet, il s'est, par son autorité pleine
de mesure, assuré à jamais le fruit d'une immense
affection. Cette région-là, sans doute, est rejetée à
l'extrémité du monde, mais il gouverna comme il
l'eût fait au milieu même du monde. La gloire est
plus grande d'avoir tenu à être aimé d'un pays où la
honte serait moindre d'avoir inspiré l'antipathie.   505
Attaché naguère à la cour sacrée comme honorable
comte[45], il a dédaigné ce rang suprême dans son
amour des champs... L'ayant pris entre mes bras, je
trompai l'attente du vent favorable par le sentiment
que j'avais de jouir, déjà un peu, de ma patrie.   510

L'aurore aux reflets de safran avait poussé son
attelage dans le ciel pur : la brise du rivage nous invite
à tendre les antennes. Sans secousse, l'aplustre va,
poussée par un vent tranquille ; mollement enflées,
nos voiles tremblent sans fatiguer les cordages. Au
milieu de la mer, dans une ceinture de flots, Gorgon[46]   515
se dresse entre la côte de Pise et celle de Cyrnos. En
face de nous, est le rocher qui évoque un scandale
récent ; là s'était misérablement enseveli, vivant, un
de nos concitoyens, car naguère il était des nôtres,
ce jeune homme issu d'ancêtres de haut rang, —
digne d'eux par sa fortune, non moins digne par son
mariage[47], — que les Furies ont poussé à abandonner   520
les hommes et la terre et qui vit exilé, pauvre naïf, dans
une retraite honteuse ! Le malheureux ! il s'imagine

que la divine étincelle s'entretient dans la saleté[48], et
il se tourmente, plus cruel contre lui-même que ne le
525 seraient les dieux offensés. Le cède-t-elle, je vous le
demande, aux poisons de Circé, cette secte-là ? Alors
c'étaient les corps seulement qui étaient métamor-
phosés, aujourd'hui ce sont les âmes[49] !

De là nous gagnons Triturrita ; c'est le nom d'une
villa-hôtellerie, véritable presqu'île qu'on aperçoit
à peine, et dont la présence a repoussé les flots. En
effet, elle s'avance dans la mer par des roches assem-
blées de main d'homme et celui qui a bâti la maison
a d'abord établi le sol. Le port voisin[50] me frappa
530 d'admiration ; la renommée le représente comblé
de marchandises pisanes et des richesses de la mer.
On est émerveillé de l'aspect du lieu ; les vagues du
large le battent directement et la côte découverte
est exposée à tous les vents. Nul havre, abrité par des
535 jetées protectrices, qui puisse repousser les menaces
d'Éole. Mais l'algue haute borde l'abîme où elle
règne sans aucun danger pour les bateaux, qui la
heurtent doucement ; et d'ailleurs, quand les flots
se déchaînent, par l'effet du choc, elle les divise en
multiples rigoles[51] et empêche que la haute mer ne
540 roule d'énormes lames jusqu'ici.

Le moment de mettre à la voile était ramené par
l'Eurus, le ciel éclairci ; mais j'eus à cœur d'aller
voir Protadius. Quiconque voudrait par hasard le
reconnaître à des signes certains, n'a qu'à se dire qu'il
voit, par la pensée, l'image de la vertu. Le peintre
545 avec ses couleurs ne saurait en donner un portrait
plus ressemblant que cette figure résumant tous les

mérites, qui me vient à l'esprit. Une sagesse recon-
naissable à l'air d'assurance, une admirable expression
d'équité brillent de loin aux regards. Peut-être l'éloge
serait-il moindre, s'il était décerné par la Gaule à son
enfant ; mais Rome peut rendre témoignage à son   550
ancien préfet. En échange de sa patrie, l'Ombrie lui a
offert une modeste demeure ; sa valeur a rendu égales
pour lui la bonne et la mauvaise fortune. Son âme
invincible de héros regarde comme grand ce qui est
petit ; ce qui passait pour grand a été petit au regard
d'un esprit comme le sien. De modestes champs
tenaient dans leurs limites les vainqueurs des rois ;   555
quelques arpents nous donnaient des Cincinnatus.
La conduite de Protadius compte elle-même, à mes
yeux, non moins que la charrue de Serranus ou le
foyer de Fabricius.

Je place donc mes barques dans un sûr abri et je me   560
fais porter à Pise par le chemin habituel des piétons.
Le tribun me procure des chevaux et m'offre même
une voiture ; c'était un ancien compagnon d'armes,
qui m'était resté cher, lui aussi, depuis l'époque où,
comme maître des offices, je gouvernais la maison
impériale et la garde armée du pieux souverain. Je
contemple l'antique cité originaire des bords de   565
l'Alphée, ceinte de deux côtés par les eaux de l'Arnus
et de l'Ausur. En se rencontrant, les deux rivières
forment un relief d'eau pyramidal[52] (dans le côté
large du polyèdre vient pénétrer une mince pointe
de terre). Mais l'Arnus conserve son nom quand le
lit des deux fleuves est devenu commun ; il est par
suite le seul qui aille à la mer. Longtemps avant que   570

la fortune greffât la maison de Troie sur le tronc
des rois de Lavinium[53], l'Élide envoya s'établir en
Étrurie des colons de Pisa, témoignant de la race par
le nom révélateur. Ici s'offre à mes yeux l'image de
575   mon vénérable père, dressée par les Pisans sur leur
propre forum. Les éloges décernés à ce père qui n'est
plus m'arrachent des pleurs.... Mes joues ruisselèrent
de larmes de douleur et de joie. C'est que mon père
gouverna autrefois les campagnes Tyrrhéniennes ; il
y exerça la juridiction confiée aux six faisceaux[54]. Il
580   racontait, il m'en souvient, après avoir parcouru une
longue carrière d'honneurs, que le gouvernement de
Tuscie lui avait plu mieux que tout le reste. Car la
charge, si grande soit-elle, d'intendant des sacrées
largesses, et les pouvoirs de questeur avaient eu pour
lui moins de charme. Et même, oserai-je le dire ? il
585   n'hésitait pas à mettre encore au-dessous la préfecture
même, tant son cœur penchait en faveur des Toscans.
Il était payé de retour, également chéri de son côté
par ceux qu'il estimait ; l'éternelle reconnaissance
inscrite dans leurs vers est inspirée par une mutuelle
affection. « Il avait à la fois de la fermeté et de la
douceur », confient à leurs enfants les vieillards qui
590   se souviennent de lui. Et moi, ils sont heureux que
mes honneurs n'aient pas été indignes des siens ; et
ils redoublent à mon égard de soins affectueux. Tels
étaient les témoignages qu'en traversant les régions
bordées par la voie flaminienne[55], je trouvai, maintes
fois, du mérite éclatant de mon père. Le renom de
595   Lachanius est vénéré, comme celui d'un dieu, dans
la Lydie tout entière, qui le place parmi ses enfants[56].

Reconnaissante aux gens de bien, cette province
garde ses mœurs antiques ; digne d'avoir toujours
de bons gouverneurs, comme l'est Décius, noble fils
de Lucillus[57], qui administre d'heureuses campagnes
dans tout le pays de Corythus[58]. Et l'on ne peut   600
s'étonner si le père, se retrouvant dans les talents d'un
fils aussi grand, est heureux d'avoir un descendant
si semblable à lui. C'est lui dont la satire où se joue
une muse mordante, ne le cédera ni à Turnus ni à
Juvénal. Il a rétabli l'antique pudeur par ses critiques   605
acérées ; et en attaquant les méchants, il enseigne à
être bon. N'a-t-il pas jadis, quand il disposait avec
tant d'équité du trésor sacré, repoussé les Harpyes
qui se dressaient tout autour de lui ? ces Harpyes qui
de leurs griffes déchirent l'univers, qui de leurs pattes
engluées ne touchent rien qu'elles n'entraînent après   610
elles, qui rendent borgne Argus et Lyncée aveugle,
qui sont là, voltigeant, au milieu des gardiens du
trésor public en train de le piller[59]. Mais à Lucillus
n'a pas échappé ce pillage digne de Briarée et à tant
de mains conjurées résista la main d'un seul.

Déjà, revenu de la ville fondée par Pisa, à
Triturrita, je tendais par un beau temps mes voiles   615
retombantes au Notus, lorsque, subitement couvert
de nuages, le ciel s'assombrit et de tous les côtés la
nue entr'ouverte sema des raies de feu capricieuses.
Nous nous arrêtâmes. Qui donc, même si la tempête
menace faiblement, quand les flots vont se mettre
en courroux, oserait s'y risquer ? Ce temps de repos   620
pour les navires, nous l'occupons dans les bois voi-
sins ; nous prenons plaisir à mouvoir notre corps à la

27

poursuite des bêtes sauvages. Le fermier notre hôte nous procure des armes de chasse et des chiens exercés à connaître la présence du gîte à l'odeur. Dans nos pièges, dans les larges et perfides mailles de nos filets se jette et s'abat un sanglier redoutable par sa défense

625 foudroyante, un sanglier que les bras de Méléagre craindraient d'affronter et qui desserrerait l'étreinte du fils d'Amphitryon. Alors la trompe retentit à travers les collines qui vont répercuter le son ; et les

630 chants font la proie moins lourde à rapporter !

Cependant l'Africus[60] aux ailes ruisselantes ne cesse de nous dérober le jour après le jour sous des nues d'un noir de poix. Déjà le matin se couchent les Hyades chargées d'eau ; déjà disparaît sous des pluies de tempête le Lièvre[61], astre aux faibles rayons,

635 mais puissant à soulever les flots, qui empêche les navigateurs de quitter la terre inondée. C'est qu'il est le voisin immédiat de l'orageux Orion et il fuit, proie mouillée, devant l'astre brûlant du Chien[62]...

640 Nous vîmes la mer jaunir en soulevant ses sables et vomir des paquets d'eau qui tourbillonnaient sur la campagne recouverte. Tel l'Océan se répand au milieu des terres, quand il appesantit sur les champs de labour, pour les quitter ensuite, son flux errant, soit qu'il reflue d'un autre monde pour se heurter contre le nôtre, soit qu'il alimente de ses eaux les astres scintillants[63].

LIVRE SECOND

Mon rouleau n'était pas encore bien long, ne comprenant que peu de tours ; et il eût pu à bon droit s'allonger encore. Il a craint l'ennui que devait rencontrer un effort ininterrompu, le lecteur pouvant s'effrayer d'entreprendre une œuvre qui ne finit pas. Souvent les mets inspirent du dégoût quand le repas se termine trop tard ; l'eau prise à petites gorgées est 5 plus agréable à qui se désaltère. Le voyageur fatigué trouve, semble-t-il, un répit en route devant les pierres où sont inscrits les milliers et milliers de pas. Nous répartissons sur deux livres brefs notre confusion craintive, dont il eût été préférable de subir l'effet en une fois. 10

Enfin délivrés du blocus d'une mer orageuse, nous pûmes quitter le port de Pise et gagner le large. La mer sourit, paisible, sous les rayons qui la frisent ; sillonnées par nous les vagues font un murmure léger. Voici que commencent à paraître les pentes de l'Apennin, dans la direction où gronde Thétis repoussée par un haut promontoire[64]. L'Italie, 15 maîtresse du monde, embrassée d'un regard[65] et contemplée en un plan synoptique par les yeux de l'esprit, sera trouvée semblable en son développement à une feuille de chêne, rétrécie par des golfes 20 latéraux qui se correspondent. Dans sa longueur

on parcourt dix fois l'espace de cent milles depuis
le pays des Ligures jusqu'au détroit de Sicanie. En
largeur, elle est échancrée à plusieurs endroits où
pénètrent en la rongeant les eaux courroucées de la
mer Tyrrhénienne et de l'Adriatique (Toutefois, au
25 point même où la bande de terre est la plus étroite
entre les mers qui la touchent, elle ne s'étend que
sur cent trente milles)[66]. Dans l'entre-deux, vers les
deux mers opposées, la montagne s'allonge en biais
dans les directions où Phébus tour à tour amène et
remmène le jour. Elle domine les flots de Dalmatie
30 par son sommet oriental ; à l'occident la mer azurée
d'Étrurie se brise au pied de son versant. Si nous
reconnaissons un plan déterminé dans la création,
si cette puissante machine répond à un dessein de
Dieu, ce Dieu a placé là, en bordure du Latium,
comme une sentinelle avancée, l'Apennin, barrière
à laquelle les chemins montagnards n'offrent qu'un
35 difficile accès. La nature a redouté une agression
jalouse ; elle a trouvé que c'était peu d'opposer les
Alpes à la menace des hommes du Nord[67]. C'est
ainsi qu'elle a retranché derrière plusieurs membres
les organes vitaux ; un seul rempart ne lui a pas suffi
pour les choses précieuses qu'elle avait produites. Dès
ce temps-là une ligne multiple de boulevards était
méritée — et la pensée des dieux préoccupée — de
Rome encore à naître.

40   Il n'en est donc que plus cruel, le forfait du sinistre
Stilicon : le traître a livré le cœur de l'empire[68]. Tandis
qu'il s'efforçait de survivre à la race romaine, sa folie
sanguinaire a tout bouleversé, en haut comme en bas.

Tandis qu'il redoutait tout ce qu'il avait fait pour
être lui-même redouté, il déchaîna la barbarie armée   45
pour exterminer le Latium. Dans ses entrailles mises
à nu[69] il a caché un ennemi en armes, la trahison qui
porte le désastre à l'intérieur ayant plus libre jeu[70].
Rome elle-même, Rome était ouverte à ses suppôts
en fourrures de bêtes ; elle était captive avant d'être
prise. Et il n'a pas opéré seulement, le traître, par les
armes des Gètes ; il commença par brûler les oracles   50
secourables des livres Sibyllins[71]. Nous détestons
Althée pour avoir causé une mort en brûlant un tison
jusqu'au bout ; le cheveu de Nisus est pleuré, dit-on,
par des oiseaux. Mais lui, Stilicon, il a voulu faire périr   55
le gage où était écrite l'éternité de l'Empire et hâter
les tours des fuseaux des Parques encore pleins. Que
les tourments de Néron cessent dans le Tartare et que
les torches du Styx se consument sur une ombre plus
repoussante ! Celui-ci a assassiné une immortelle,
celui-là une mortelle ; celui-ci a assassiné la mère du   60
monde, celui-là seulement la sienne.

Mais dans notre digression peut-être en avons-
nous trop dit ; reprenons maintenant la route exposée
par notre poème. En glissant à bonne allure sur les
flots, nous arrivons à des murailles d'un blanc écla-
tant[72] ; elles tirent leur nom de l'astre qui emprunte ses
rayons au soleil son frère. Le roc ici par la pierre qu'il
donne éclipse la couleur riante des lis ; les veines de sa   65
surface polie et lustrée ont les rayons du soleil. Cette
terre est riche en marbres qui par le reflet de leurs tons
jettent un défi superbe aux neiges immaculées[73]...

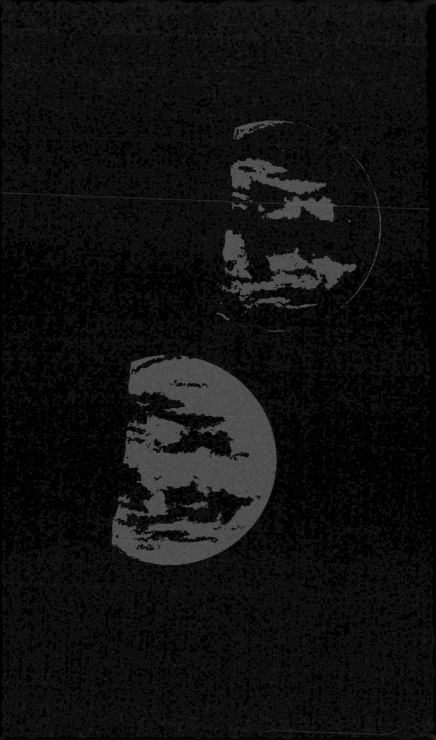

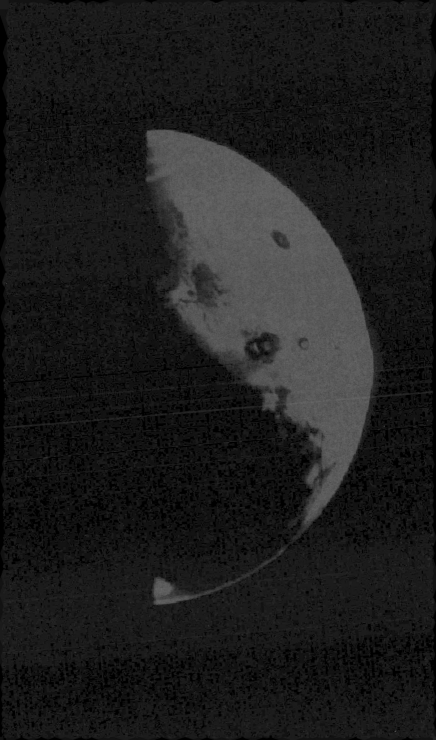

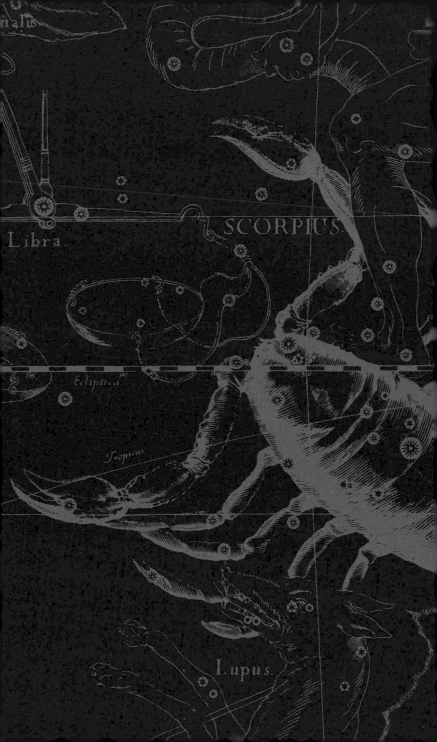

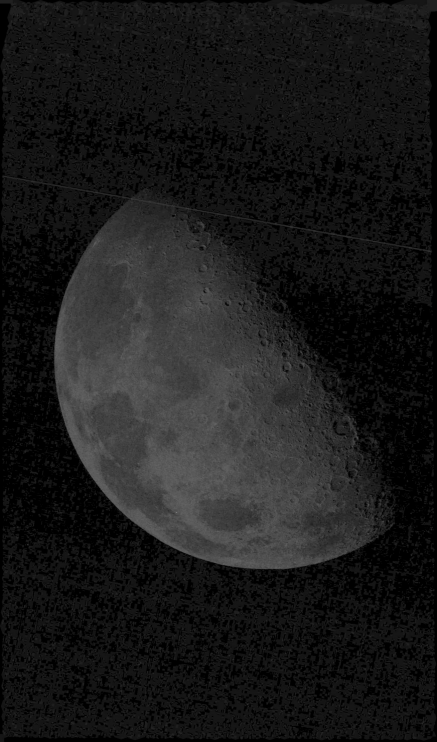

LÉGENDES

I. Ursa Major
(Johannes Hevelii, *Prodromus Astronomiae*)

II. Venus
(Image de Vénus prise dans le proche infrarouge par la sonde Galilée
(1990) ; NASA)

III. Mars
(Photographie du Voyager Golden Record ; NASA)

IV. Chelae (Pinces du Scorpion)
(Johannes Hevelii, *Prodromus Astronomiae*)

V. Pléiades
(Wikicommons)

VI.Croissant de lune
(Creativecommons)

VII. Hyades
(Wikicommons)

VIII. Lune
(Vue de la lune prise par la sonde Galilée ; NASA)

NOTES

1. La traduction est celle de Vessereau, revue par nous. Les notes sont prises souvent à sa thèse et au livre de Keene. — Nous nous tenons au titre traditionnel, même si le témoignage du *Vindobonensis* apparaît comme insuffisant : il a l'avantage, comme l'a vu Purser, de rendre plus naturel le « plutôt » qui est au début du poème, par la répétition du mot *reditus*.

2. Le sentiment exprimé ici rappelle cette réflexion que Symmaque fit en quittant Rome : *Ep.* I, 30 *difficile est hinc abire cum ueneris ; adeo-cito tibi (Rusticus) uidebitur reuertisse.*

3. Ce mouvement oratoire était déjà dans les plaintes d'Ovide exilé. *Trist.*, III, 12, 25 : « *O quater, o quotiens non est numerare, beatum, Non interdicta cui licet urbe frui* ». Le mot « déchirement » (*revelli*) vint aux deux exilés (v. 19 et Ov., *Trist.*, I, 4, 23). Et ce furent les mêmes marques de tendresse (v. 44 et *Trist.*, I, 3, 56 *Ter limen tetigi*, etc.) ; les mêmes regards jetés vers les temples et les dieux (v. 45 ss., 189 ss. et *Trist.*, I, 3, 29 ss.).

4. Réminiscence stoïcienne (Cic., *De fin.*, V, 7, 18) — ou lieu commun de rhétorique (Quint., II, 20, 6 *si uirtutes sunt ad quas nobis initia ac semina concessa natura*), l'application à Rome de cette psychologie merveilleuse évoque l'humanité de l'âge d'or : Virg., *Egl.* IV, 7 *Iam noua progenies caelo demittitur alto* (Cf. ici *demissa caelo*) et rappelle cet éloge d'Ammien Marcellin : XIV, 6 *aliquando uirtutum omnium domicilium Roma.*

5. Allusion à la statue de la Victoire qui se dressait depuis Auguste dans la *Curia Iulia* ? Mais ce génie, dit Vessereau, p. 187, avait été maltraité par les empereurs chrétiens depuis

un demi-siècle... S'agit-il, comme Schenkl le pense, du *Genius Populi Romani* (V. son image ap. Lavedan, *Dictionn. de la mythol. et des antiquités*, p. 463, col. 2), identique au *Genius Vrbis Romae* ? Les deux vers suivants se prêteraient à cette interprétation. — Le Génie de l'Empereur (v. 328) se dirait *G. domini*.

6. Les Stoïciens pensaient que Dieu était l'âme du monde et maintenait la cohésion entre ses parties (Cf. Marc. Aur., IV, 10 ; V, 9).

7. Les Vandales, les Suèves et les Alains passèrent le Rhin à la fin de l'an 406 ; après eux vinrent les Burgondes ; en 412, les Goths sous Ataulf occupèrent l'Aquitaine et la Novempopulanie. Les Bagaudes infestaient la campagne. C'est seulement à la fin de 416 que Constance, général d'Honorius, se débarrasse du roi vandale Fredbal ; en 417, qu'il reçoit pour récompense de ses services, probablement dans Arles, le titre de patrice (Cf. Carcopino, *op. cit.*, p. 186 et notre *Introd.*, p. x, xvi). — Le sentiment qui anime ce passage écrit en 417 (v. 22), est dans la tradition patriotique de Cicéron : *Ep.* IV, 9, 3 *nec* (*patriam*) *diligere minus debes quod deformior est, sed miserari potius...* Mais les visions d'horreur étaient autres en 417 *Innumerabiles et ferocissimae nationes uniuersas Gallias occuparunt...... praelio paucas urbes populata cuncta — (Vrbes) intra uastat fames* (Hieron., *Ep.* 123, alias XI).

8. Ces « plaines » et ces « hauteurs » impraticables jalonnent la *via Aurelia*. Cette route qui devait son nom à Aurelius Cotta, censeur en 241 av. J.-C., longeait la côte N.-O. de la péninsule, allant, sous l'empire, de Rome jusqu'à Luna par Cosa et Pise ; elle était bordée par les localités où Rutilius allait faire escale. *Tuscia* (v. 39), nom de l'Étrurie sous le bas Empire. Dans la répartition de l'Étrurie opérée par Dioclétien, l'Étrurie fut réunie à l'Ombrie. Le gouverneur de Tuscie et d'Ombrie résidait à Florence. — Sur *regina-mundi* (v. 47-v. 66) cf. Amm. Marc., XIV, 6,6 *per omnes — quotquot sunt, partes terrarum, ut domina suspicitur et regina.* — *Pulcherrima*, v. 47, renouvelle ingénieusement

l'épithète virgilienne : *G.* II, 534 *rerum pulcherrima.*
— *Genitrix hominum,* v. 49, parce qu'elle a accueilli
maternellement dans la *civitas* romaine tous les peuples
conquis (Cf. Claud., *Stil.*, III, 150) ; *deorum* désigne ses
citoyens déifiés (depuis Romulus), ses divinités abstraites,
les dieux étrangers qu'elle a faits siens (Claud. *B. Gild.*
131) : Cf. Flor. 1, 13, 18 *destinatam hominum ac deorum
domicilio ciuitatem.* — Le v. 50 exprime une admiration
qui était traditionnelle, mais toujours sincère : Mart., X,
51 *Quae-nitent caelo proxima templa suo* ; Claud., *Stil.* III,
134 *luce metalli Aemuli uicinis fastigia conserit astris* Cf.
Tertull., *Apol.* 25 *Capitolia caelo certantia et* v. 95 s. —
L'image grandiose des vv. 55-62 rappelle celle de l'historien
(Amm. Marcell., XIV, 4, 6) *ex omni plaga quam orbis ambit
immensus reportauit laureas et triumphos (P.R.)* ou la Rome
de Claudien disant (*B. Gild.* 48) *ad solem uictrix utrumque
cucurri* ; le v. 66 proclame la réalisation du programme jadis
tracé par les *Fastes* d'Ovide (II, 683 s) : *Romanae spatium
est urbis et orbis idem* ; les vv. 63-65 définissent le moyen :
extension indéfinie de la *ciuitas romana,* mis en œuvre
par Rome, surtout depuis Caracalla : cf. Claud., *Stil.* III,
150 s. : *in gremium uictos quae sola recepit — Humanumque
genus communi nomine fouit — Matris, non dominae ritu,
ciuesque uocauit — Quos domuit nexuque pio longinqua
reuinxil* ; Rutilius 71 s. magnifie, comme Virgile (*Aen.*,
VI, 855 *parceré subiectis*) et comme Claudien (*B. Gild.* 97
(*P.R.*) *placidum sensere (gentes) subactae*), l'autre moyen,
condition préalable de l'emploi du premier : la pacification
par la clémence. (Ici la mère d'Énée, fondatrice de Rome
et déesse de l'amour, recouvre par un biais ingénieux son
épithète *Victrix,* v. 69). Le résultat affirmé avec foi par
le poète (137 *nullis obnoxia tempora metis Dum stabunt
terrae*) comme par l'historien (Amm. Marcell., XIV, 6, 3
uictura dum erunt homines Roma), c'est l'éternité de Rome.

L'intérêt poétique et historique de cette tirade a été
défini avec justesse, chez nous. On ne peut que souscrire à
l'appréciation littéraire de M. Plessis (*La poésie latine,* p. 701) :

« À côté des morceaux de Tibulle (II, 5) et de Properce (IV, 1) sur les origines troyennes de la Ville immortelle, celui de Rutilius (ce salut qu'il adresse à Rome) brille encore d'une puissante beauté. Il n'y a là ni hors-d'œuvre (comme l'imaginait Gibbon) ni déclamation : c'est le cœur même du poète qui a inspiré ce panégyrique enthousiaste, cet hymne d'amour à Rome civilisatrice, dans sa grandeur passée, dans ses maux présents, dans son avenir dont il est interdit de douter. L'art sans doute y est réel et manifeste : mais ceux-là seuls en feront un reproche à Rutilius qui contestent la sincérité dès qu'apparaît le talent. » Comment expliquer chez un Gaulois pareil amour de Rome ?

« À la différence des empires de Cyrus et d'Alexandre, dit M.C. Jullian (*R. Universitaire*, mars 1929, p. 237), de cette monarchie universelle d'Orient que César et ses héritiers eurent sans cesse présente à l'esprit, l'Empire romain ne fut jamais absolument celui d'un homme. On ne sépara jamais du nom du monarque *imperator* le nom de la ville qui avait conquis le monde. Les autels que les provinces élevèrent aux autorités souveraines portèrent toujours côte à côte le nom de Rome et le nom de l'empereur. L'Empire romain eut ceci de nouveau qu'il demeura l'empire non d'un chef, mais d'une ville. Et c'est encore ainsi que même au moment de sa chute le définissent les poètes qui en célèbrent la pérennité. Ils ne voient ni l'Italie ni l'empereur, ils ne voient que Rome »... Et de fait, à regarder les principes constitutifs de cet empire, c'est Rome toujours qui apparaît comme tête de l'Empire ou, si l'on préfère, comme âme, reine et déesse de l'Univers. Peu à peu, tous les sujets deviennent citoyens de Rome et les premiers d'entre eux deviennent sénateurs à Rome. Il se forme, par une espèce d'agrandissement idéal et formidable, une ville monstrueuse et surhumaine, qui s'identifie avec l'Empire tout entier, et même avec le monde : « *Vrbem fecisti*, lui disait-on, *quod prius orbis erat* ».

9. Rome n'est pas seulement une entité majestueuse et abstraite. Les merveilles de la Ville, qu'il ne doit peut-être plus

revoir, retiennent une dernière fois l'attention du poète : il est surtout frappé de ses temples, de ses aqueducs et de ses eaux. Les aqueducs (v. 97 ss.) étaient au nombre de neuf sous Nerva, d'après Frontin ; ils atteignaient (mais peut-être s'agit-il aussi de leurs embranchements) celui de quatorze au VIᵉ siècle (Procope, *B. Goth.*, I, 19). C'est alors, après le siège de Rome par Vitigès (537), que leur destruction commença. Pline l'Ancien (*H. n.*, XXXVI, 123) et Frontin (*De aquaed. V.R.*, I, 16) expriment le même émerveillement que Rutilius. Au v. 101 le poète semble faire allusion à l'*Anio*, qui alimentait l'*Anio nouus* et l'*Anio uetus* ; au *Curtius* et au *Caeruleus* qui alimentaient l'*Aqua Claudia* ; au *Riuus Herculaneus* d'où venait à l'*Anio nouus* un supplément d'eau. Les lacs (102) sont l'*Alsietinus*, le *Sabatinus* (Bracciano), le *Sublacensis* (près de Subiaco). Les *celsa lauacra* (102) désignent les vastes établissements et bains publics. Les sources locales rappellent « l'abondance des sources » dans le lieu « salubre » choisi par Romulus (Cic., *Rep.* II, 6, 11). L'évocation de ces eaux « pures » (106) — providentielles avait dit Pline, XXXI, 3, 24 — s'achève par la légende de la source chaude (108) qui sauva le Capitole des Sabins de Tatius (Ov., *Fast.*, I, 261 s. ; Macr., *Sat.* I, 9). Autre merveille : l'hiver vaincu, le printemps perpétuel que des artifices appropriés assurent à Rome (113) : luxe condamné par les moralistes (Sén., *Ep.* 122. Cf. Pacatus, *Pan. Theod.*, 14), mais dont le haut dignitaire ne peut pas, pour l'avoir goûtée longtemps, ne pas vanter la douceur. Sa Rome aux traits rajeunis (115 s., Cf. Claud. *B. Gild.*, 23 s.) est en fait celle du temps de paix : elle coiffe, comme dans Sidoine Apollinaire (*c.* V, 14 s.), la couronne « tourelée, aussi bien que le casque » (117).

10. V. 170 : Verg., *Aen.* XI 463 s., *Tu, Voluse, amari Volscorum edice maniplis* : | *Duc, ait, et Rutulos…* Au IVᵉ siècle après J.-C., des *Volusiani*, l'aïeul et le trisaïeul de Rufius, sont préfets de la ville (365 et 310).

11. V. 171 s. *commissa palatia linguae.* Le *quaestor principis* mettait sous forme de loi les ordres de l'empereur et lisait

dans la curie les communications qu'il daignait faire au Sénat.

12. Sur les v. 173-176 v. *Intr.*, p. XV s.

13. Il n'y avait, au temps d'Énée, qu'une embouchure, le « bras gauche », la *Fiumara* moderne. L'histoire du delta ne commence qu'au règne de Claude (Voir le livre de J. Carcopino, *Virgile et les origines d'Ostie*, p. 495 s.) : en 46 « à l'occasion des travaux du *Portus* et pour délivrer Rome du péril toujours menaçant des inondations, le prince donna ordre que fussent branchées sur le Tibre — et conduites de là jusqu'à la mer plusieurs *fossae* » : les unes « furent partiellement comblées sous Trajan ; — la plus méridionale de toutes, approfondie pour la navigation par ses ingénieurs, est devenue le *Fiumicino* du moyen âge et des temps modernes, dont la direction est sensiblement rectiligne et la profondeur moyenne de 4 mètres ». L'ensablement de la Fiumara avait commencé dès le temps d'Énée (Virg., VII, 31 *flauus arena*). Il était sensible lorsqu'apparut l'image de Cybèle en 204 avant J.-C. En 417 après J.-C. la *Fiumara* était délaissée par la navigation au bénéfice du *Fiumicino*, qui reste seul en activité jusqu'en 1118. « À partir du XIIIᵉ siècle, le pauvre trafic du Tibre se fait par la *Fiumara*, qui est à nouveau abandonnée pour le *Fiumicino* à partir de la restauration du canal de Trajan en 1612 (Carcopino, *Virg. et les origines d'Ostie*, p. 496 n. 6).

14. *Od.* I, 57 (Cf. Ov., *Pont.* I, 3, 33).

15. Effet de lumière qui tenait peut-être à l'atmosphère, plus claire au-dessus du sol plus élevé de Rome qu'au-dessus des terres basses et marécageuses de l'embouchure du Tibre, mais qui est expliqué ici par la splendeur des monuments que portaient les sept collines (cf. Claud., *Stil.*, 3, 65 s. *montes — solis radios auri fulgore lacessunt*).

16. V. *Intr.*, p. XVI s. et p. IX.

17. Les écoles de rhétorique étaient nombreuses en Gaule, comme le prouvent et le vivant témoignage d'Ausone et l'attestation de Symmaque, IX, 88) ; mais pour étudier le droit, on allait à Rome, *legum domicilium* (Sid. Apoll., *Ep.* 1,6 ; cf. Aug., *Conf.*, VI, 8 *in* trad. de Labriolle).

18. La Grande-Bretagne, en l'absence de troupes romaines, se révolta contre l'Empire ; son exemple fut suivi par les provinces armoricaines, qui ne comprenaient pas seulement alors la région entre la Seine et la Loire, mais s'étendaient jusqu'aux Pyrénées : Exuperantius y rétablit l'ordre.

19. V. *Intr.*, p. xix et note 33 *Pyrgi* servait de port à Céré. — Sur ce port (cf. Besnier, *Lex. de Geogr. anc.*, *ad u.*) comme sur Céré (v. 232 et 235) on peut trouver terriblement sommaire l'indication géographique du poète.

20. Sur la confusion survenue ici, v. *Intr.*, p. xix, n. 33. La statue d'*Inuus* cornu identifié à Pan ou à Faunus (cf. Macr., *Sat.* I, 22, Verg., *Ecl.* II, 31) apporte une excuse à l'erreur topographique de Rutilius (Vessereau, p. 259).

21. Cette allusion indifférente ou amusée à l'impudeur naïve du dieu pastoral est un des arguments qu'on fait valoir avec raison (De Labriolle, *op. cit.*, page 14) contre l'hypothèse d'un Rutilius chrétien.

22. Aujourd'hui Cività Vecchia. Ce port ou *portus Traiani* fut construit sous Trajan, comme son nom l'indique. Pline le Jeune assista aux travaux. La lettre où il les décrit VI, 31, 15 ss. est le meilleur commentaire de ce passage. V. l'édition-traduction de ses Lettres par Mlle Guillemin, t. II, p. 141 et n. 1.

23. À Cumes, lieu de villégiature très fréquenté sous l'empire : fondation campanienne de Cyme en Éolide et de Chalcis en Eubée.

24. V. *Intr.*, p. xix.

25. La fille du roi de Sidon ou de Tyr Agénor est Europe qui fut enlevée par Jupiter et emportée à travers les flots en Crète.

26. La fontaine de l'Hélicon en Béotie, est Hippocrène, consacrée aux Muses. D'après la légende, elle aurait jailli sous le sabot de Pégase. De là son nom, littéralement traduit chez Perse par les mots *fons caballinus*.

27. Les premiers consuls furent L. Iunius Brutus et L. Tarquinius Collatinus. Lorsque Tarquin Collatin dut se retirer en raison de l'impopularité de son nom, P. Valerius fut choisi pour collègue par Brutus. — Sur la porte du sanctuaire

consacré aux nymphes étaient inscrits des vers comme sur les murs des chapelles visitées par Pline (*Ep.* VIII, 8) aux sources du Clitumne.

28. Le *Munio* (Mignone) prend sa source dans les collines à l'ouest du Lago di Bracciano et se jette dans la mer entre Cività Vecchia et l'embouchure de la Marta.

29. *Grauiscae*, le port étrusque de *Tarquinii*, situé sur la *uia Aurelia*, sans doute près de Porto Clementino : le lieu était malsain (*intempestae Grauiscae*, Verg., *Aen.*, X, 184) ; il présente encore les restes d'une *cloaca*, œuvre étrusque d'époque tardive.

30. Strabon, III, 144 c, Pline, *H.N.*, VIII, 104 et 217 s., X, 185, Elien, *Var. h.* VII, 40 relatent semblables méfaits des lapins, des taupes, des grenouilles, des sauterelles, des souris, des serpents, des scorpions (cf. Cic., *De off.*, II, 5, 16 *belluarum repentinas multitudines*). Le nom de l'agent peut d'ailleurs masquer parfois quelque humiliante invasion des peuples voisins (cf. E. Paris, *Amunclae a serpentibus deletae*, 1907, *Acad. d. Linc.*, vol. XV, fasc. 12°).

31. Le premier des *Lepidi* mentionnés ici est le consul de 78 av. J.-C. Déclaré ennemi public parce qu'il avait tenté d'abolir la constitution aristocratique de Sulla, il marcha sur Rome. Battu par Catulus, son collègue, et par Pompée, poursuivi par Catulus, il s'embarqua au port de Cosa (Port' Ercole) pour la Sardaigne où il périt. — Le deuxième, son fils, après avoir louvoyé entre le Sénat et Antoine, se joignit à ce dernier qui, défait à Modène, s'était mis sous la protection de son armée puissante. Il entra dans le triumvirat, mais ayant essayé de se rendre indépendant, il fut défait par Octavien, qui lui permit de vivre avec le titre de *Pontifex Maximus* à *Circeii*, sous bonne garde : il mourut en 13-12 av. J.-C.

32. Le 3ᵉ *L.* fils du triumvir et dont la mère était Junie, sœur de M. Brutus, conspira en 30 av. J.-C. contre la vie d'Octavien au lendemain d'Actium. Mécène découvrit le complot, se saisit de Lépidus et l'envoya à Octavien qui le mit à mort. — Le quatrième du nom, le second mari de Drusilla (la sœur préférée de Caligula), conspira contre le César

avec Lentulus Gaetulicus et fut l'amant d'Agrippine et de Livilla, autres sœurs de Gaius. Il fut exécuté en 39 après J.-C. — Le v. 307 fait peut-être allusion à Claudius Lepidus, gouverneur de la *Germania prior* et intendant du domaine, frère de Postumus Dardanus, qui, d'après Sidoine Apollinaire (*Ep.* V, 9) « réunissait en lui seul tous les vices partagés entre Constantin, Jovin et Géronce » (Tillemont, p. 610). La conduite des derniers représentants de la race explique sans doute l'animosité de Rutilius. Tacite (*Ann.*, VI, 27), Juvénal (VII, 9), mettaient très haut les *Lepidi*.

33. Lors du sac de Rome par Alaric (410), beaucoup de Romains se réfugièrent à Igilium (Giglio). Les Goths, d'ailleurs, ne semblent pas avoir été redoutables sur mer.

34. Ce développement (cf. Plaut., *Capt.*, 328, *Multa multis saepe suasit perperam* (*aurum*). Hor., *C.* III, 24 ; 49, Ov., *M.*, I, 140) serait bien banal, s'il n'empruntait un intérêt particulier au trafic des honneurs pratiqué sous le faible Arcadius, par ses favoris, un Rufus, un Eutrope (Claud. *in Ruf.*, I, 179 ; *in Eutr.*, I 196). Honorius inaugura son règne en réprimant cette corruption (Claud., *III cons. Hon.*, 186 ; *Stilich.* II, 114). Mais le souvenir des Harpyes du Trésor vit encore dans le cœur honnête de Rutilius (cf. v. 608).

35. Ainsi Marc-Aurèle jeune, les jours fériés, lorsqu'il faisait beau, gagnait en batcau le large, pour écouter le mouvement cadencé des rames et le maillet (*portisculus*) du garde-chiourme battant la mesure (Fronton, *Ep.* 3 *de feriis Alsiensibus*, ed. A. Mai 1816, p. 177). Mais il s'agit ici d'un chant d'esclaves (*symphoniaci*), qui rythmait ce mouvement et que la chiourme sans doute répétait (cf. Sid. Ap., *Ep.* II, 10, *u.* 27 le chant des rameurs chrétiens). Selon la légende, cet usage remontait au temps du navire *Argo* : mais la flûte avait remplacé la cithare d'Orphée.

36. Cf. *Intr.*, p. XVIII. *Pagi*, c'est-à-dire *pagani*. Nous assistons ici à la transition entre le sens de *paganus*, « villageois », et celui de *paganus*, « païen ». L'attachement du rural à ses habitudes, à ses traditions, à ses dieux avait rendu, même sous les empereurs chrétiens, sa conversion beaucoup

plus lente que celle des agglomérations urbaines, sur qui la propagande du christianisme s'était d'abord exercée. (Zeiller, « *Paganus* », *Étude de terminologie historique*, Paris, 1917.)

37. Antiphatès, roi des Lestrygons (Hom., *Od.* X, 106 ss. ; Ov., *Met.* XIV, 234 ss., *Pont.*, II, 9, 41.)

38. Cette invective contre le sabbat (cf. Plut., *De superstit.*, 8 fin) et contre la race « lourde à son vainqueur » est dans la tradition stoïcienne, si l'on en juge par quelques mots vifs de Sén. (*Fragm.* in *Intr.*, p. XXIII, n. 3). Posidonius avait déjà dénoncé la misanthropie des Juifs (cf. Diod. Sic. XXXIV, 1) et leur religion à part (Ios. *in Apion.*, II, 7) ; félicité leur vainqueur Pompée en termes généraux, il est vrai, mais sans restriction (Strab., XI, 1,6 = 492 a). Le stoïcien Chaeremon, directeur du Musée d'Alexandrie et l'un des précepteurs de Néron, fut aussi leur adversaire (Bell, *Jews and Christians in Egypt*, p. 29). Dès l'an 40, sous Gaius, ils étaient répandus dans tout l'empire et « au delà même de l'étendue de l'empire » (Tillemont, I, p. 454). Leurs qualités et leurs défauts inquiétèrent parfois le pouvoir, par exemple sous Tibère (Tillemont, I, p. 72), sous Gaius (pp. 141 ; 446 ss.). Celui-ci allait jusqu'à railler en public, comme Rusticus en son poème, leur abstention de viande de porc (p. 460) et il ne faisait que suivre l'exemple de Cicéron (Plut., *Vit. Cic. c.* 7). L' « insolence » de quelques-uns fut réprimée par les empereurs chrétiens (*Cod. Iust.*, I, 9, 13 : Honorius et Théodose écrivent à Philippe, préfet du prétoire pour l'Illyrie, *a*, 412 : *monendum esse censemus ne Iudaei-insolescant*...). Mais les vexations des chrétiens ou des autres contre la race durent l'être aussi. Ibid. *Nullus tamquam Iudaeus, cum sit innocens, obteratur. Non passim eorum synagogae uel habitacula concrementur* (Cf. I, 9, 12 *a*. 409 ; et déjà sous Valentinien, *a.* 368, I, 9, 4 ; sous Théodose *a.* 393, *Cod. Th.* XVI, 8, 9, etc.). Depuis l'an 404 Honorius passait, à tort ou à raison, pour favorable aux Juifs (Tillemont, V, p. 628 s.), à qui il permit même d'envoyer de l'argent

à leur patriarche, comme Auguste jadis (Ios., *Ant. iud.*, XVI, *c.* 6 (= 10)) l'avait fait. L'éloquence officielle sous Théodose comme sous Valens s'émaillait de maximes juives (Them., *Or.*, VII, 89 d ; XI, 147 c XIX, 229 a)... Les réflexions de Rutilius peuvent donc être inspirées aussi bien par le mécontentement du public que par un certain stoïcisme. En fait, en 418, Honorius va renouveler « la défense qu'il avait faite aux Juifs dès l'an 404 d'entrer dans aucune charge d'épée, ce qui les excluait de toutes celles des armées et de la cour. Il leur permet seulement d'entrer dans les charges des villes et de plaider » (Tillemont, p. 642.)

39. Hom., *Il.*, VI, 200 s. ne parle ni de bile ni de fiel, mais dit seulement ὅν θυμὸν κατέδων. — La lettre 48 de saint Augustin est adressée précisément aux moines de l'île de Capraria (De Labriolle, *R. Et. lat.*, 6ᵉ année, fasc. I, janv.-mars 1928, p. 32, n. 1). — La lecture de ce passage de Rutilius et des v. 515-526 ne permet pas de douter de son paganisme, que Schenkl (*Rh. Mus.*, 1911, p. 393-416) a ingénieusement contesté. On entrevoit chez le poète « des hostilités et des rancunes toutes pareilles à celles dont était travaillé à cette époque le cœur de plus d'un aristocrate païen de la formation et du rang de Rutilius » (De Labriolle, *ibid.*, p. 42). — Telle de ses formules (444, *Quisquam sponte miser, ne miser esse queat ?*) rappelle les aphorismes de la sagesse antique : Cf. Sen. (d'après Épicure). *Ep.* 24, 22 *Ridiculum est currere ad mortem taedio uitae*, 24, 23 *ridiculum — adpetere mortem cum uitam inquietam tibi feceris metu mortis ; tantam hominum — dementiam ut quidam timore mortis cogantur ad mortem* ; Mart., *Ep.* II, 80, 2 *Hic, rogo, non furor est, ne moriare, mori ?*

40. La toge, qui ne se portait plus alors dans la vie ordinaire, était le costume officiel des sénateurs, du Préfet et des autres fonctionnaires.

41. V. *Intr.*, p. XIII sur Albinus.

42. L'endroit s'appelle aujourd'hui *Padule*. Les salines ont disparu ; mais elles existèrent jusqu'en 754 (Zumpt). Il va de soi que l'explication proposée par Rutilius (v. 485) est

d'un curieux et non d'un savant (il en convient v. 487).
— Cf. 485 s. et Ov. *Tr.*, III, 10, 29 ss., Iorn. *R. g.* 55.

43. Toulouse fut prise par Ataulf en 413.

44. Il avait été *uicarius Britanniarum* — la « Bretagne étant
divisée en cinq provinces » ; le vicaire était comme un vice-
préfet (cf. Amm. Marcell., XV, 4, 10 ; *Th. cod.*, II, 33, 1 ; XI,
30, 6 ; XVI 10, 2 ; Cassiod., *Var.* XI, 4 (Zumpt)). — Égal
en audace au Gaulois, dit Tacite (*Agr.*, 11), le Breton était
encore plus fier (*plus ferociae*).

45. Aide de camp de la cour impériale (qui était « sacrée »
comme la personne de l'empereur), mais à titre honoraire,
puisqu'il n'y résida pas.

46. V. *Intr.*, p. xxi.

47. On dirait les plaintes de la patrie et des familles frustrées
de leurs enfants ; saint Jérôme (*Ep.* CXVIII, 5) les redit en
termes émouvants. Cf. de Labriolle, *op. cit.*, p. 38.

48. « Être moine, remarque le sophiste Eunape de Sardes
(*Frag. Hist. Graec.*, frag. 55, t. IV, p. 38 [Didot]) n'est pas
chose difficile ; il suffit pour cela de balayer la terre avec des
manteaux et des tuniques d'un brun sale » (Cf. *id.*, *ibid.*)

49. Ce mot « métamorphose » en pourceaux flétrit sans doute
non seulement la saleté physique, mais peut-être des excès,
culinaires ou autres, contre-partie, selon les païens, des
privations monastiques. « Ces hommes habillés de noir,
dit Libanios (περὶ τῶν ἱερῶν, *Discours* XXX, 88 [Forster,
t. III, p. 91]) — mangent plus que des éléphants, et à force de
boire, lassent la main des esclaves échansons ; ils cachent leur
désordre sous une pâleur artificielle. » (De Labriolle, *op. cit.*,
p. 38). Bientôt d'ailleurs (v. 430), Hilaire d'Arles, successeur
d'Honorat sur le siège épiscopal de cette ville (*Serm. de uit.
Honor.* in Migne *Patr. lat.*, L, 1256 s.) reprendra l'idée même
de métamorphose pour exalter les religieux : « Stupéfiante,
admirable transformation ! Et elle n'était pas l'effet de cette
coupe de Circé qui, dit-on, changeait les hommes en bêtes,
non, c'était la parole du Christ, — coupe bien douce à boire,
quand un Honorat la présentait, — qui changeait les bêtes
en hommes. » (*Id.*, p. 41.)

50. La *Villa Triturrita* (v. 527) était près de ce port ou *portus Pisanus*, situé probablement lui-même entre Livourne et l'embouchure de l'Arno. Elle a disparu sous un dépôt d'alluvions et le paysage à présent est désolé. Ce devait être une sorte de forteresse destinée à protéger le port. Le « tribun » de qui elle dépend (561) a fait partie de la garde du corps impériale quand Rutilius était maître des offices. 19 ans avant ce voyage, au cours de la guerre contre Gildon, la flotte est partie de là sous Mascezel, frère de Gildon (Claud., *De b. Gild.* 415 s.) pour l'Afrique du Nord.

51. Il s'agit vraisemblablement d'herbiers, où devaient entrer la *Posidonia oceanica Caulini* et la *Zostera marina*, comme le savant et obligeant géographe Max Sorre, recteur de l'Académie de Clermont-Ferrand, nous l'a suggéré. Le professeur Negri, directeur de l'Institut botanique de l'Université de Florence, nous signale non moins obligeamment l'une et l'autre parmi les échantillons — conservés et étiquetés au *Museo botanico*, — des espèces pêchées sur les côtes de Toscane entre la Spezzia et Orbetello : la première, à Antignano près de Livourne ; entre l'embouchure du Calambrone et Marina di Pisa ; près de l'embouchure de l'Arno ; — l'autre, à Livourne, à peu de profondeur, sur les fonds sablonneux et vaseux. La première est « très abondante ; elle forme de grands herbiers tout le long de la côte tyrrhénienne sur les bas-fonds sablonneux ou même pierreux, de la Spezzia jusqu'à Orbetello ainsi que dans les îles (Capraria, Gorgon. Ilva, Igilium...) jusqu'à 30 m. de profondeur. » À M. Negri, que je cite, et à M. Sorre j'adresse ici mes plus vifs remerciements. — F.P.

52. Ce phénomène de la μετεώρισις dû au choc des deux courants (et à la présence de quelque dépôt fluvial (?)) est signalé expressément par Strabon (V, 222) à cet endroit même et par le Pseudo-Aristote (*Mirab. auscult.* 92), moins précisément, παρὰ τοῖς Λίγυσιν ; il empêche, disent-ils, de se voir (?) d'une rive à l'autre. Je pense donc qu'il faut renoncer à traduire *pyramis* par un « triangle » (dessiné sur le terrain) comme on l'a fait, ce qui était sans aucun doute

un pis-aller entre plusieurs, contre lesquels le seul Burmann (à notre connaissance) a protesté. On dirait le « regonfle » connu des Savoyards (V. Cholley, *Préalpes*, 1925, p. 257) : en fait, c'est le moment des crues (I, 38). — F.P.

53. Sur les Laurentes, habitants de Lavinium, voir le premier chapitre de l'ouvrage, cité plus haut, de M. Carcopino sur *Virgile et les origines d'Ostie*. — Pise aurait donc été fondée avant la venue d'Énée en Italie par des Grecs de Pisa en Élide. D'autres attribuaient sa fondation au roi étrusque Tarchon. — *Ausur* (Serchio), qui rejoignait alors l'Arno à Pise, débouche aujourd'hui directement dans la mer.

54. Il fut donc *consularis Tusciae et Vmbriae* après avoir été (v. 583) *comes sacrarum largitionum*, (v. 584) *quaestor principis* et (v. 585) *praefectus Vrbis*.

55. La grande route du nord de l'Italie qui allait de Rome à *Ariminum* en traversant l'Ombrie.

56. Lydie signifie Étrurie, parce que, selon une tradition déjà connue d'Hérodote, les Étrusques seraient venus de Lydie.

57. Sur ces deux personnages, nous ne sommes renseignés que par Rutilius.

58. Corytus ou Corythus, aujourd'hui Cortona, était une ancienne ville étrusque qui portait le nom de son fondateur. Située au nord du lac Trasimène sur la *uia Cassia*, elle était insignifiante à l'époque romaine ; mais le nom de Corytus était parfois substitué à celui d'Étrurie par les poètes (Cf. Verg., *Aen.*, IX, 10).

59. Sur ces Harpyes v. *Introduction*, p. XI. Noter v. 608 la scansion insolite *Harpyias*. — Le géant Briarée (v. 613) avait cent mains.

60. Ces vers sur l'*Africus* rappellent non seulement ceux d'Ovide sur le *Notus* :... *madidis Notus euolat alis Terribilem picea tectus caligine uultum* (*Met.*, I, 264 ss.), mais la grandiose figure du *Notus* ou de *Juppiter Pluuius* lui-même, représentée à Rome sur la colonne de Marc-Aurèle (Contenau-Chapot, *L'art antique*, p. 371 ; S. Reinach, *Rép. des reliefs*, I, p. 300, 23, 24).

61. Sur ce tableau des constellations, légèrement inexact, v. *Intr.*, p. XXII, n. 38.

62. Ou *Sirius*. Sur la poursuite éternelle du Lièvre par le Chien, cf. Arat., *Phaen.*, v. 338 ss.

63. Et le soleil. — Rutilius expose ici deux théories des marées : la mer serait poussée vers nous par un vent soufflant du pôle (Lucan., I, 411 s.) ou elle serait aspirée par le soleil et les étoiles pour les nourrir (*Id.*, I, 414 s.). On sait qu'une troisième théorie était en faveur à Rome, celle de l'action lunaire (Cf. *Id.*, I, 412 s. et Sen., *De Prou.*, I, 1, 4).

64. Un peu au-dessus de Pise les pentes de l'Apennin avoisinent la mer et se relèvent en un promontoire.

65. La comparaison suivante est déjà dans Pline l'Ancien *N. Hist.*, III, 43 : *Est ergo (Italia) folio maxime querno adsimilata, multo proceritate amplior quam latitudine.* Elle est illustrée, semble-t-il, par la Table de Peutinger, dont l'original remonte au IVᵉ siècle ap. J.-C. (V. *Atlas antiquus* par van Kampen, tab. 2, segm. II, III, IV a ; *Die Peutingersche Tafel*, 2ᵉ éd. par K. Miller, Stuttgart, 1929, segm. III, IV, V, VI et les sections II à VI dans le bon fac-similé donné par Desjardins. *La carte de Peut.*, 1874). — Sur d'autres comparaisons de cette sorte, voir Vessereau, p. 272.

66. C'est, à peu près, l'évaluation de Pline, *N. h.* III, 44 : « Cent trente-six milles de l'embouchure de l'*Aternus* (Pescara) sur l'Adriatique à celle du Tibre ». De même, v. 21, pour la longueur : Plin., 43 « 1020 milles d'Aoste à Reggio ». Rutilius ne considère pas l'étranglement, bien plus marqué encore, en Calabre.

67. C'était déjà pourtant une disposition « providentielle » (Cf. Cic., *De Prou. cons.*, 34, Iuu., X, 152).

68. Ce sens de *arcanum* résulte des considérations précédentes sur les *uitalia* (37) et de celles qui suivent. Il faut donc renoncer au séduisant rapprochement, qu'on faisait ici, avec le « secret de l'Empire » dont parle Tacite : *Hist.*, I, 4. L'historien par là entendait que les légions disposaient pour qui elles voulaient de la pourpre impériale et que cela n'était plus un « secret » (*arcanum*) pour personne. Il est évident que Rutilius n'avait plus — et ne songeait plus — à affirmer cela.

69. Cf. Claud., *B.G.*, 577. *Visceribus mediis ipsoque in corde uidetis Bella geri.*

70. Allusion au cheval de Troie, mais qui n'exige pas, comme Reid l'a cru (*Cl. Rev.*, I, p. 78), la correction de *illatae* en *iliacae*, ni de *liberiore* en *deteriore*.

71. Ce fait n'est attesté nulle autre part. Il explique peut-être la haine du païen Rutilius pour celui qui fut admiré par Claudien (*In cons. Stil.*, II, 6-49 ; 100-124) et qui nous semble aujourd'hui avoir été sage lorsqu'il pactisait avec le puissant Wisigoth (Keene, p. 36 ss.). La haine, identiquement accusatrice, du prêtre chrétien Orose (*Hist.* VII. 38) fut peut-être allumée par les projets ambitieux que l'on prêtait à Stilicon, en faveur de son fils, le païen Eucherius.

72. Au sujet de *Luna* (Luni, près de Sarzana) V. *Intr.*, pp. XVIII, XXI et s. Le v. 64 développe l'appellation *Portus Lunae* Σελήνης λιμήν.

73. Il y avait à Luna (ou Carrare) deux sortes de marbre : marbre blanc — ou veiné et à teinte bleuâtre. Ils fournissaient dalles, tables, colonnes d'un seul bloc (Strab., V, 222) mais ne furent exploités qu'à partir du dernier siècle de la république (Plin., *N. h.* 36, 135). Les blocs blancs firent concurrence au Paros : l'Apollon du Belvédère est en vrai Carrare. Ce marbre fut employé dans le temple d'Apollon Palatin (Serv. *ad Aen.*, VIII, 720), dans la pyramide de Cestius, dans le Panthéon d'Agrippa, dans le temple de la Concorde, au Forum de Trajan... Sur l'abandon des carrières et les causes de cet abandon, voir *supra*, p. XXII, n. 2 (Cf. d'ailleurs *R.E.* de Pauly-Wissowa, XIII, p. 1804 s.) Sur ce que Rutilius aurait pu ou même a dû dire encore, voir *supra*, *ibid.*

INDEX NOMINVM

Les renvois aux vers du livre II
sont seuls précédés du numéro de ce livre.

TABLE DES MATIÈRES

Ce volume,
publié aux Éditions Les Belles Lettres,
a été achevé d'imprimer
en avril 2017
sur les presses
de l'imprimerie SEPEC
01960 Péronnas

Dépôt légal : mai 2017
N° d'édition : 8548
N° d'impression : 05425170403
Imprimé en France

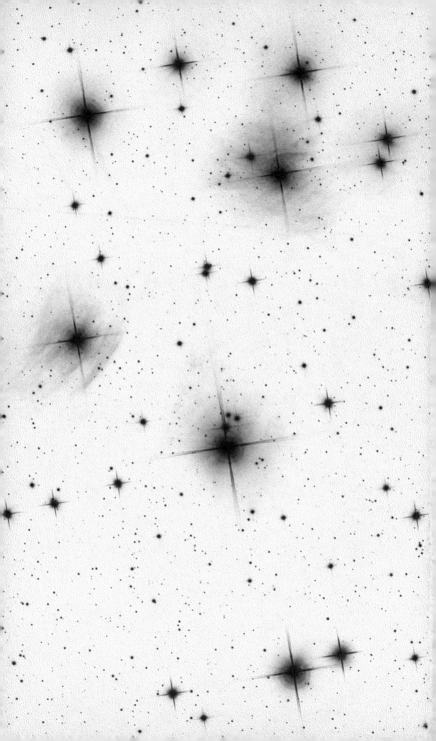